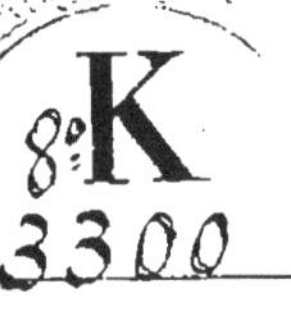

CÉSAR VIAGGI

HUMBERT Ier DE SAVOIE

ROI D'ITALIE

SA VIE, SES ŒUVRES

> Tu étais le meilleur des hommes ; tu n'as fait de mal à personne, et ils t'ont tué ! C'est le plus grand crime du siècle.
>
> *(Paroles de Marguerite de Savoie.)*

Traduit de l'italien

PAR

L'Abbé Fr. M. DIDIER

PARIS
SOCIÉTÉ D'ÉDITIONS LITTÉRAIRES
PLACE DE L'ÉCOLE-DE-MÉDECINE
4, RUE ANTOINE-DUBOIS, 4

1901

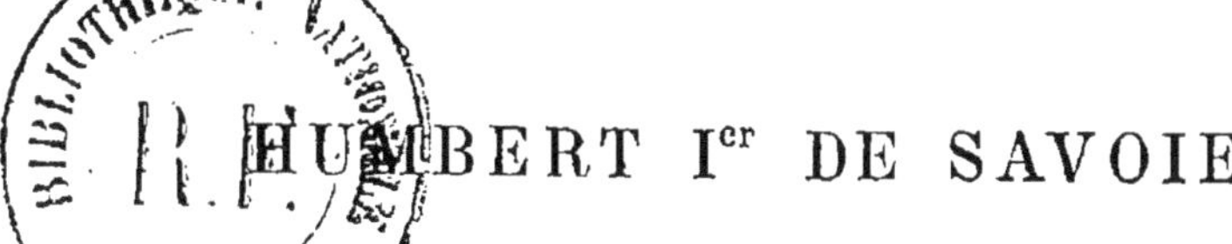

HUMBERT Ier DE SAVOIE

CÉSAR VIAGGI

HUMBERT Ier DE SAVOIE

ROI D'ITALIE

SA VIE, SES ŒUVRES

Tu étais le meilleur des hommes ; tu n'as fait de mal à personne, et ils t'ont tué! C'est le plus grand crime du siècle.

(Paroles de Marguerite de Savoie.)

Traduit de l'italien

PAR

L'Abbé Fr. M. DIDIER

PARIS
SOCIÉTÉ D'ÉDITIONS LITTÉRAIRES
PLACE DE L'ÉCOLE-DE-MÉDECINE
4, RUE ANTOINE-DUBOIS, 4

1901

A MARGUERITE DE SAVOIE

REINE D'ITALIE

HOMMAGE

Ne pleurez pas, Reine magnanime. Humbert n'est pas mort. Son souvenir reste fécond, puissant, consolateur, et sa mémoire sera bénie. Dans sa tombe est la vie, et l'Italie vivra de cette vie, qui la fera prospère et heureuse.

Un prince de Savoie ne meurt pas. Sa tâche accomplie, il entre dans l'éternité, à la suite de ses glorieux ancêtres. Mais il laisse sur la terre son esprit de justice, son amour du bien, sa loyauté et sa bravoure, qualités qui ont donné à la Maison de Savoie une existence de près de mille ans, et qui lui assurent encore de longs jours de félicité. Votre fils bien-aimé, Victor-Emmanuel, héritier des vertus de son auguste père, plus que de sa couronne, sera le continuateur des grandes traditions et fera votre gloire, en faisant le bonheur de son peuple.

Je sais bien, Majesté, que la séparation est douloureuse, cruelle. Mais je sais aussi que vous êtes la femme forte. Vous êtes une princesse de Savoie. Et le cœur des reines n'est-il pas fait de douleur et d'amour? Mais Dieu, qui vous a imposé tant de devoirs et qui a mis dans vos yeux tant de larmes, saura vous aider et vous soutenir. Il vous enverra l'Ange de la Passion qui réconforta le divin Maître, et qui vous donnera la force et le courage.

Je suis né sujet de la Monarchie de Savoie. La succession des choses, la suite des événements, les nécessités politiques, les traités librement acceptés par tous m'ont fait enfant de la France. J'aime ma nouvelle patrie, comme un fils aime sa mère. Mais admirateur du passé et de ses gloires, je conserve en mon cœur la religion du souvenir et le culte de la fidélité. C'est pourquoi, je vous demande, Majesté, la permission de pleurer avec vous et de prier avec vous. Les larmes inconnues sont d'autant plus sincères, qu'elles sont plus rares.

Je ne sais, Majesté, comment vous exprimer mes sentiments de profonde affliction et d'inaltérable attachement; je ne sais pas parler aux reines, mon style est dur comme mes montagnes. Je préfère emprunter la délicatesse d'une plume que vous aimez, parce qu'elle est d'une femme, parce qu'elle est d'une Italienne qui unit à un noble cœur une âme élevée.

Paris, le 1er janvier 1901

Abbé Fr.-M. DIDIER.

A MARGUERITE DE SAVOIE

COMME UNE FLEUR

Et vous avez passé, ô Reine, vous avez passé comme une fleur. Naguère encore vous étiez à Naples; le peuple vous acclamait. Vous avez l'admirable don de fasciner tous les cœurs. Napolitains, qui avez aimé notre reine, rappelez-vous son sourire ; il est le plus beau souvenir de votre vie et il est le dernier. Jamais plus vous ne verrez Marguerite de Savoie sourire ainsi : le sourire s'est desséché dans son cœur, comme l'herbe des champs. Que ceux qui l'ont vue dans l'éclat de la beauté, fixent ce souvenir dans leur mémoire ; ils ne reverront jamais plus cette figure de splendeur et de suavité.

Les voiles de deuil couvriront toujours ce visage. La reine aimait le roi d'un amour profond, d'une tendresse ineffable. Elle avait pour lui un dévouement sans bornes. Trente-deux ans de mariage n'avaient pas affaibli son attachement à Humbert, qu'elle ne considérait pas seulement comme un roi sage et bon, comme le père de Victor-Emmanuel, le fils bien-aimé, mais comme l'époux adoré, à qui, à l'âge de dix-huit ans, elle avait donné sa main, espérant finir sa vie près de ce cœur.

Ah! que ceux qui ont connu Marguerite de Savoie disent si cet amour pour Humbert, fort comme la mort, ne surgissait pas de tous ses actes, de toutes ses paroles. Toute l'histoire de cette femme proclame que sa vie entière ne fut qu'un acte d'amour, avec toute la poésie de la jeunesse. Elle ne vécut que pour Humbert, dont elle épousa les joies et les douleurs. Après l'attentat de Passanante, Marguerite de Savoie fut malade une année. Après l'assassinat de Monza, Marguerite de Savoie ne sera que la plus inconsolable des veuves.

O Reine, adieu. Nous vous reverrons encore : mais vous ne serez plus vous-même. *Sur le trône d'Italie est assise aujourd'hui une jeune femme. Que le Dieu bon lui donne la volonté et la force d'être grande comme vous, dans l'abnégation, dans le dévouement et dans l'amour : que Dieu lui accorde tout cela, pour le bien de la patrie et le bonheur de la dynastie. Mais nous, nous vieillissons, nous sommes plus vieux de quelques jours ; c'est vous qui étiez notre reine, et vous avez passé subitement à une vie de silence, de larmes, de recueillement. Le roi de notre jeunesse, ils l'ont tué : la reine qui réjouit notre vie entre dans l'ombre, qui n'apaise pas les grandes douleurs, mais qui les change en une longue et inconsolable tristesse. Dans ce moment terrible, une pitié immense, des regrets immenses montent vers vous, ô Reine, qui avez fait pour l'Italie, pour les Italiens, pour la Maison de Savoie, ce que firent, sur les champs de bataille, vos illustres ancêtres, votre aïeul, le Grand Roi et Humbert le Magnanime. Le coup qui a traversé le cœur du roi a percé aussi celui de la reine. Et cette nuit de sang ne s'effacera pas de son souvenir.*

Celui qui a vu mourir une personne aimée, en conserve le souvenir gravé dans sa mémoire, comme sur le granit : et vous, Reine, vous avez vu revenir assassiné l'homme aimé par dessus tout. O Reine, recevez le salut de l'adieu, triste, respectueux, suprême. Qui pourra jamais vous redonner le bonheur, dont vous avez été enivrée par celui qui maintenant est mort ? Le bonheur de Victor-Emmanuel certainement vous tient au cœur : mais votre vie individuelle, pour qui en a mesuré la hauteur morale, est finie. O douce ombre, vêtue de noir, nous pleurons et nous gémissons avec vous. O cher fantôme voilé de deuil, forme de vie qui fûtes la beauté, qui fûtes la grâce, toute la poésie de notre jeunesse s'en va avec vous ! Oui, oui, le fils, l'Italie et le peuple vénére-

ront votre grandeur et votre inconsolable chagrin. Vous serez toujours la reine mère, non seulement dans l'étiquette de la Cour, mais dans les cœurs de tous. On ira à vous, pour avoir des conseils, des secours. Mais tout cela est vain. Vous avez passé, ô auguste, ô gracieuse, ô bonne Reine : et le ciel de notre lumière morale et intellectuelle salue, en pleurant, son plus beau rayon, évanoui.

Matilde SERAO.

AVANT-PROPOS (1)

« La patrie pleure. On remplit, en ce moment, à Rome une fonction triste et solennelle, on célèbre les funérailles du roi Humbert. Éloigné, pour un instant, de mon pays, mais fils affectueux et fidèle, je m'unis aux prières, aux larmes de l'Italie, de Rome.

« Dieu, dont la miséricorde et la providence nous enveloppent, exaucera, a déjà exaucé nos prières : il a tiré du crime des conséquences contraires à celles que voulait l'assassin.

« Par une contradition étrange, qui réside au fond de toutes les théories malsaines qui voudraient aujourd'hui triompher dans la société, l'assassin détruisait précisément ce qu'il affirmait ne vouloir détruire. Nous voulons la liberté, s'écrient les perturbateurs de l'ordre, et ils la détruisent ; nous voulons le bien du peuple et ils le rendent impossible ; ce n'est pas Humbert que Bresci a tué. Et il le tuait !

« Peut-être est-il vrai qu'il ne l'a pas tué. Il a tué son corps, mais la personnalité morale d'Humbert ne fut jamais si grande, et jamais elle ne nous apparut dans une synthèse de bien si lumineuse. La mort a retracé d'un

(1) M. l'Abbé Louis Vitali, Chanoine honoraire de Milan, Directeur de l'Asile des Aveugles de cette ville, était à Paris, lors de l'assassinat du Roi Humbert. Il prépara une allocution, qu'il voulait prononcer au service solennel qui eut lieu à l'église de Sainte-Clotilde, le 9 Août, Les sévérités du protocole n'autorisant pas les éloges funèbres dans les églises, sans certaines formalités qu'on n'eut pas le temps de remplir, nous reproduisons ici ce discours plein d'affection et d'enthousiasme patriotiques.

(Note du Traducteur.)

trait toute sa vie. Trois faits caractérisent la vie d'Humbert : Custoza, Naples, la Constitution. A Custoza, la valeur du soldat; à Naples, le cœur de l'homme; dans le respect de la Constitution, le mérite du roi.

« Tout cela est rappelé, grandi, ennobli par les circonstances de la mort : il a été frappé au milieu du peuple, dans une fête populaire.

« *C'est le plus grand crime du siècle*, s'est écrié Marguerite dans sa douleur. Qu'il le soit ; mais ce crime, contre la volonté de ses ennemis, a fait Humbert plus grand : il lui a donné un nom que l'histoire conservera. Il sera à côté de Charles-Albert le *Magnanime* et de Victor-Emmanuel II le *Galant Homme*, Humbert I le *Bon*.

« Le démenti de la Providence à l'assassin est plus affirmatif encore dans la seconde partie de ses paroles : je n'ai pas tué Humbert, *j'ai tué le Roi*.

« Et le roi qui est tué est plus grand après ce crime; et la Maison de Savoie, unie aux destinées de la patrie, s'est, dans cette circonstance, magnifiquement affirmée. Et une telle affirmation, imposée par les faits, a consolé, encouragé les bons, déconcerté et chassé les adversaires.

« On savait que la Maison de Savoie est très aimée en Italie ; qu'elle est un élément essentiel de son unité et de sa force ; que toucher à la Maison de Savoie, c'est toucher à la vie même de la nation : on le savait. Aujourd'hui on le voit, on le sent. L'Italie n'a qu'un cri de douleur et d'amour : *le Roi est mort, vive le Roi*. Sur le cercueil qui enferme Humbert, la figure de Victor-Emmanuel III apparaît radieuse. Humbert, en mourant, a fait un plébiscite de douleur et d'amour, et a servi la patrie, aussi bien que quand il exposait sa vie sur le champ de bataille ou au chevet des cholériques. Les larmes que l'on verse pour le père sont des applaudissements pour le fils.

« Une figure se présente, en ce moment, à mon esprit, une figure qui résume dans sa douleur, la douleur de la patrie. Ah! l'assassin, si son bras n'a pas été retenu par la pensée de tuer le roi, devait s'arrêter devant la douleur qu'il allait causer à une femme, à une épouse, à une mère qui est le symbole de la noblesse et de la bonté, à Marguerite.

« Encore une fois, la Providence est avec nous. La douleur de Marguerite est devenue la raison de la douleur et de l'amour du peuple : en elle on aime davantage la Maison de Savoie. Dans un jour de joie, Marguerite avait prononcé une parole caractéristique, devenue historique ; à l'heure de la douleur, en recevant les représentants de Rome, elle en prononça une autre qui sera éternisée par le marbre.

« Femme auguste, il est bien que tu le saches, ta douleur est notre douleur, mais elle est aussi une espérance. Si tu continues à couvrir de ton ombre maternelle la Maison royale, ta douleur console dans le présent et encourage pour l'avenir.

« Que Dieu accueille dans sa paix l'âme d'Humbert : les sufffrages qu'il a adressés à Dieu pour les autres, deviennent des mérites pour lui. Que son âme, appelée au nombre des élus par les mérites de Jésus-Christ, s'unisse aux Saints de la Maison de Savoie, que l'Église a couronnés le long des siècles. Son corps reposera dans l'église de *Tous les Saints Martyrs*, à côté du père de la patrie. Ces deux tombes n'enferment pas un passé : elles sont les pierres milliaires qui montrent à l'Italie le chemin de l'avenir.

Paris, le 9 Août 1900.

L'Abbé Louis Vitali
Chanoine honoraire de Milan

HUMBERT Ier DE SAVOIE

CHAPITRE PREMIER

LE PRINCE DE PIÉMONT

Le 14 mars 1844, à dix heures et demie du matin, naissait, à Turin, de Victor-Emmanuel II, alors duc de Savoie, et de Marie-Adélaïde, son épouse, Humbert-Reynier-Charles-Emmanuel-Jean-Marie-Eugène, et recevait le titre de prince de Piémont.

Silvio Pellico, l'héroïque martyr du Spielberg, qui, deux ans auparavant, avait chanté les noces de Victor-Emmanuel et de Marie-Adélaïde, salua la naissance du jeune prince par un chant d'allégresse qui contient des paroles vraiment prophétiques :

« Joie à Charles-Albert, à la Reine, joie à leurs fils; un prince est né ! Joie au trône subalpin, un nouveau gage de bonheur nous est donné; peuple appelé par le ciel à de hautes destinées, la cause de tes rois est toujours la tienne,

« Réjouissons-nous, réjouis-toi, Italie; tes gardiens veilleront : l'antique étendard des Alpes suscitera des vaillances.

« Les bras invincibles, le Piémont repousse les insultes des ennemis de l'Italie. »

Humbert passa son enfance au château de Montcaliéri, sous la garde et la direction de sa mère. Il fut ensuite confié à des maîtres, et son premier professeur fut le général Joseph Rossi. Pascal-Stanislas Mancini lui enseigna le droit constitutionnel, et les généraux Sachero, Mattei et plusieurs autres lui apprirent la discipline militaire.

En 1858, Humbert fut nommé capitaine du deuxième régiment d'infanterie de la brigade de Piémont.

Pendant ce temps, jusqu'en 1852, il étudia, sous la direction sûre de Boncompagni, le droit constitutionnel international et pénal et diverses autres sciences sociales.

En 1861, il fut promu lieutenant-colonel, et colonel l'année suivante. La même année, à l'occasion du mariage de sa sœur, Marie-Pie, avec le roi de Portugal, il fut nommé général commandant la deuxième brigade de cavalerie.

On peut dire qu'il entra dans la vie politique en 1866, quand, en présence de la guerre qui paraissait imminente, il fut envoyé par Victor-Emmanuel à Paris, pour savoir quels étaient les vrais sentiments de Napoléon vis-à-vis de l'Italie.

La guerre fut déclarée à l'Autriche.

D'éminents personnages conseillèrent au roi Victor-Emmanuel de ne pas exposer aux dangers des batailles les jeunes princes Humbert et Amédée.

Mais le grand roi repoussa le conseil, par ces paroles qui sont devenues légendaires : *Si Nous, Princes de Savoie, étions restés à la maison quand les soldats se battaient, nous serions où sont les Bourbons de Naples. Je comprends l'intérêt que vous portez à la vie des princes, mais mes fils sont soldats et ils doivent se battre.*

Humbert, qui était alors à Naples, partit immédiatement, parce qu'il voulait se trouver sur le lieu des opérations le plus promptement possible. Il laissa la grande cité dans l'admiration. Le peuple saluait en lui le prince de Savoie aimable et le soldat vaillant.

Toutes les rues, par où devait passer le fils de Victor-Emmanuel, étaient remplies d'une foule délirante, et on lui fit cortège depuis le palais royal jusqu'à la station, dans un enthousiasme indescriptible.

A la station, une femme du peuple parvint, après des efforts immenses, à s'approcher de la voiture d'Humbert. Prince, s'écria-t-elle, la voix tremblante et les yeux pleins de larmes, mes deux fils sont partis pour la guerre, parce qu'ils ont su que vous aussi alliez combattre nos ennemis. J'ai embrassé mes fils en pleurant, comme je pleure maintenant, et je les ai bénis. Vous n'avez plus de mère, Prince; j'ai voulu venir ici pour vous bénir. Et cette pauvre femme, comme inspirée, leva les yeux au ciel, et dans son cœur bénit le prince bon et courageux qui allait au champ d'honneur.

Le départ d'Humbert servit d'exemple et stimula les plus timides. Le même jour, un grand nombre de jeunes gens napolitains allèrent s'enrôler à Caserte; beaucoup d'autres prirent le train, pour rejoindre les régiments de ligne destinés à prendre part à la guerre.

Le prince Humbert eut le baptême du feu le 24 juin 1866, à Villafranca.

Il commandait une division du troisième corps d'armée qui fut attaquée près de Villafranca, par le 12e régiment des uhlans commandé par Rodatowki. La division, disposée en carré, fit front courageusement aux assaillants ivres de vin et de liqueurs; et leur assaut, quelque impétueux qu'il fût, ne réussit pas.

« Dans ce combat épique, raconte un des héros de la bataille, au milieu des balles qui sifflent de toutes parts, un cri domine tous les autres, c'est le cri fatidique : *Savoie!* Le serment de vaincre ou de mourir trouvait dans ce cri de guerre sa dernière synthèse, et l'écho des vallées voisines le répète encore, comme un éternel témoignage que les noms de patrie et de liberté ne seront jamais effacés dans les poitrines italiennes. Et quand un coup de vent bienfaisant chassa, comme un nuage, la poussière du camp, le prince Humbert apparut souriant, au milieu de ses soldats, comme s'il ne s'était pas rendu compte du grave danger qu'il venait de courir. Ce fut l'épreuve du feu, et il en sortit vainqueur. »

Le journal *L'Italie militaire* parlait, quelques jours après, du Prince héritier, en ces termes : « Le prince Humbert a montré dans la journée de Villafranca un courage et une énergie tels qu'il paraissait assister, non pas à la première, mais à la vingtième bataille. »

Le prince Amédée, frère d'Humbert, donne aussi la preuve d'une grande hardiesse. Il fut blessé à la poitrine par une balle ennemie, quand il conduisait ses soldats à l'assaut.

Le roi Victor-Emmanuel, entendant raconter la charge de la cavalerie autrichienne soutenue par le prince Humbert, et apprenant que le prince Amédée était blessé, s'écria avec une émotion pleine de fierté : « Le sang ne ment pas. Ils sont braves mes fils ! »

La belle conduite d'Humbert à Villafranca lui valut la haute récompense de la médaille d'or.

Le 22 avril 1868, le prince de Piémont épousait sa cousine, Marguerite-Marie-Thérèse-Jeanne, fille du regretté prince Ferdinand de Savoie, duc de Gênes.

A propos de ce mariage, on raconte qu'un jour Victor-Emmanuel s'entretenait avec le ministre Ménabréa de l'opportunité de marier le prince héritier. Ménabréa dit : Majesté, il ne convient pas de chercher l'épouse hors de l'Italie : elle est à la maison. Comment? demande le roi. Votre Majesté n'a-t-elle pas pensé à la princesse Marguerite? Vous avez raison, s'écria le roi. Et le mariage fut conclu peu après, au milieu de la joie de toute la nation, qui savait quelle fleur de beauté, d'intelligence, de grâce, de bonté était la jeune épouse. De cette heureuse union est né, le 11 novembre 1869, à Naples, un fils qui reçut les noms de Victor-Emmanuel-Ferdinand-Marie-Janvier, et à qui il fut conféré le titre de prince de Naples.

Quelque temps après l'entrée des Italiens à Rome, le prince Humbert eut le commandement d'un corps d'armée, et s'installa au Quirinal.

En 1871, il fit un voyage en Espagne, où son frère, le prince Amédée, était roi, et en 1872, il alla avec la princesse Marguerite à Berlin, où il tint sur les fonts du Baptême une princesse prussienne. A cette époque, Humbert est nommé chef d'un régiment allemand.

En juillet 1876, les princes de Piémont se rendirent en Russie, et suscitèrent sur leur passage de vives sympathies pour l'Italie.

Mais un grand malheur frappait l'Italie. Le 9 janvier 1878, Victor-Emmanuel mourait à Rome.

CHAPITRE DEUXIÈME

AVÈNEMENT D'HUMBERT AU TRÔNE

Le jour même où Victor-Emmanuel mourait, Humbert montait sur le trône.

Le nouveau roi, contrairement à l'opinion de plusieurs, prit le nom d'Humbert Ier, au lieu d'Humbert IV, qui continuait la série des comtes de Savoie (1).

A peine monté sur le trône, le jeune monarque, qui avait confirmé dans ses fonctions le ministère nommé par son auguste père, adressa à son peuple la proclamation suivante :

« Italiens,

« Le plus grand des malheurs nous a frappé inopinément.

« Victor-Emmanuel II, le fondateur du Royaume d'Italie, le fondateur de l'unité nationale, nous a été enlevé.

(1) Humbert III, le Saint, mort en 1188, n'était que comte de Savoie, ou mieux comte de Maurienne. N'étant pas roi, il ne pouvait transmettre l'ordre de succession au trône. C'est pourquoi Humbert I est le premier du nom qui ceint la couronne royale. (*Note du Traducteur.*)

« J'ai recueilli son dernier soupir qui fut pour la nation, et son dernier vœu qui fut pour le bonheur du peuple, à qui il a donné la liberté et la gloire.

« Sa voix paternelle, qui résonnera toujours dans mon cœur, me commande de vaincre la douleur et me trace mon devoir.

« En ce moment, une seule consolation est possible : nous montrer dignes de lui : Moi, en suivant ses traces : Vous, en conservant ces vertus civiques, qui lui ont permis de faire l'Italie une et grande.

« Je garderai l'héritage des grands exemples qu'il m'a laissés, d'attachement à la patrie, d'amour du progrès et de foi inébranlable dans les institutions qui nous ont été données par mon auguste aïeul, le roi Charles-Albert, et qui ont été défendues et conservées religieusement par mon père. Ces institutions sont l'orgueil et la force de ma Maison.

« Soldat, comme mes pères, de l'Indépendance nationale, j'en serai le plus vigilant défenseur.

« Mériter l'amour de mon peuple, comme l'a eu mon auguste père, sera mon unique ambition.

« Italiens,

« Votre premier roi est mort. Son successeur vous prouvera que les institutions ne changent pas.

« Unissons-nous, et à cette heure de suprême douleur, raffermissons cette union d'aspirations et d'affections, qui fut toujours la force et le salut de l'Italie.

« HUMBERT. »

La proclamation portait sur les épreuves originales la phrase : Son successeur *devra vous prouver* que les institutions ne changent pas. Le roi Humbert, après les avoir lues, prit la plume et les corrigea ainsi : *vous prouvera.*

La mort de Victor-Emmanuel fit naître une âpre et importante discussion sur le lieu de la sépulture du grand roi.

Anciennement les princes de la Maison de Savoie avaient leur sépulture au-delà des Alpes, dans l'Abbaye d'Hautecombe. Depuis quelques générations, ils sont ensevelis à Superga, près de Turin.

C'est pourquoi l'on croyait que le corps de Victor-Emmanuel serait transporté dans les tombeaux de la famille royale, et qu'il serait confié à la ville de Turin, douloureusement heureuse de garder les restes de son souverain aimé. Mais à Rome et presque dans toutes les autres cités de l'Italie, on signa des adresses à Humbert, le priant de laisser le roi défunt dans la ville éternelle, qu'il avait faite italienne.

Humbert consentit et écrivit à *sa chère ville de Turin*, la lettre suivante : « Mon premier désir a été que la dépouille de mon roi et père fut ensevelie à Superga, où, au milieu de tous ceux qu'il aimait, il aurait trouvé un repos digne, après une œuvre si glorieuse. A moi et à ma famille, il paraissait insupportable de renoncer à la tombe de nos pères. Mais l'Italie demande que le corps de Victor-Emmanuel repose à Rome. Cette demande déchire mon cœur de roi et de fils, et arrête les délibérations de mon gouvernement. La sépulture du glorieux roi à Rome est une nouvelle affirmation de l'indissolubilité de l'Italie,

Turinais! Né et élevé au milieu de vous, je sais combien vous avez fait pour ma patrie et pour ma Maison. Je sais combien il vous est douloureux, comme à tout le Piémont, de ne pas avoir à Superga la dépouille du roi digne de toutes les récompenses. Mon sacrifice n'est pas moindre que le vôtre; et à peine en suis-je consolé, par la gloire accordée au premier roi soldat de reposer ici à Rome, but de sa vie, comme celui de toute l'Italie. »

Et à la ville de Rome, le jeune monarque adresse la proclamation suivante :

« Chère Capitale du Royaume,

« Depuis le jour où j'ai été frappé par le malheur, j'ai senti le besoin de me tourner vers Rome, terre des grandes pensées, dont le nom seul donne de la majesté à tous les événements, et des consolations à toutes les douleurs; Rome, sceau infrangible de l'unité italienne, monument impérissable du roi Victor-Emmanuel, qui a démontré dans ces jours de deuil imprévu, combien est prompte, vive, solennelle la manifestation de la conscience nationale. C'est pourquoi l'Italie a désiré, et j'ai consenti à son désir, que la dépouille du roi libérateur restât ici, en hommage au passé de la première ville du

Royaume, et comme un gage de la foi promise à la patrie ressuscitée. J'ai ainsi confié aux Romains ce que j'ai de plus sacré sur la terre. La religion des sépulcres est séculaire et inviolée dans ma Maison. Sur la tombe de mon aïeul magnanime et infortuné, Victor-Emmanuel a juré d'accomplir l'œuvre pour laquelle Charles-Albert a sacrifié sa couronne et sa vie. Le serment fut accompli. L'Italie sait quel vœu je fais sur la tombe de mon glorieux père : je ne l'oublierai jamais. »

Toutefois le roi envoya, comme don à la ville de Turin, l'épée, les décorations et le casque de Victor-Emmanuel.

Le 12 janvier, sur la place du Macao, les troupes de la garnison de Rome prêtèrent serment au nouveau roi. La cérémonie fut solennelle, imposante, « Disposés en carré, écrit un journal de l'époque, les soldats portaient au bras l'insigne de deuil, les trompettes et les drapeaux étaient cravatés de noir. Mais la douleur ne paraissait pas seulement dans les ornements extérieurs ; elle était dans les cœurs, et se lisait sur les visages émus du public et des soldats.

« Sa Majesté le roi Humbert, suivi d'un nombreux état-major, de toute la maison militaire du roi défunt, portait l'uniforme de général, avec le collier de l'Annonciade et le grand cordon militaire de Savoie. A sa droite, chevauchait le prince Amédée, et à sa gauche, le ministre de la guerre. Dans le trajet du Quirinal au Macao, le roi fut salué avec un respectueux silence, plus significatif que les démonstrations. Mais sur la place, la foule était plus nombreuse, et le sentiment public, ne pouvant se contenir, éclata d'un long applaudissement fait du sentiment de tous les cœurs et d'attachement au jeune roi si cruellement frappé dans ses affections de fils. Le roi Humbert et le prince Amédée étaient visiblement émus. Les vieux généraux ne l'étaient pas moins, qui faisaient des efforts pour retenir leurs larmes. Ils revoyaient dans ce jeune roi, auquel ils prêtaient serment, le glorieux duc d'autrefois qui les avait conduits à la victoire et dans les sentiers de l'honneur. La foule ayant donné son essor à l'émotion, ne garda plus de bornes dans son enthousiasme. Elle rompit les cordons de troupes, envahit la place, et ce fut à grand'peine qu'on obtint un peu d'espace devant le roi, pour le défilé des régiments. Le retour au Quirinal fut une ovation ininterrompue. L'enthousiasme et l'entraînement de la foule étaient tels, que le roi, séparé de son état-major, rentra au palais presque seul, entouré d'une masse de peuple applaudissant et ému. Cet état-major était moins brillant, mais plus encourageant pour un roi qui, montant sur le trône, voyait se manifester d'une manière si puissante l'affection de son peuple. »

Le 19 janvier, le Parlement national est convoqué, pour prêter serment au roi. Assistaient à la séance les reines d'Italie et de Portugal, le prince de

Naples — alors enfant — les princes héritiers d'Allemagne et de Portugal, le prince de Monaco, l'archiduc Régnier, le maréchal Canrobert. Quand le roi entra dans la salle de Montecitorio et gravit les degrés du trône, un immense applaudissement, trois fois répété, salua le jeune monarque. Humbert prononça la formule du serment d'une voix forte et sûre, et après que les députés et sénateurs eurent à leur tout juré, il prit la parole en ces termes :

« Les paroles que, dans les premiers instants de douleur, jai adressées à mon peuple, je viens les répéter en ce moment à ses représentants. Je me sens encouragé à reprendre les devoirs de la vie, quand je vois combien le deuil de ma Maison a trouvé d'écho sincère dans toutes les parties de notre pays, quand je considère à quel point la mémoire bénie du roi libérateur a fait de toutes les familles italiennes une seule famille. Une telle unanimité d'affections a grandement consolé mon épouse chérie, la reine Marguerite, qui élèvera notre fils bien-aimé dans les glorieux exemples de son illustre aïeul. Ils ne sont pas moins consolants, les regrets qui nous viennent de toute l'Europe, et le concours des augustes princes et des personnages illustres qui sont venus rehausser les honneurs rendus à notre premier roi, dans la capitale du Royaume, et leur donner leur vraie signification. Ces marques de respect et de sympathie, qui consacrent à nouveau le droit italien, et auxquelles je dois ici exprimer une profonde reconnaissance, renforcent la persuasion que l'Italie libre est une garantie de paix et de progrès.

« Il vous appartient de maintenir le pays à une si grande hauteur. Nous ne sommes pas novice dans les difficultés de la vie publique. Les trente dernières années de l'histoire nationale sont pleines d'enseignements utiles. Dans ces pages qui disent les malheurs immérités et les fortunes heureuses, se résume l'histoire de plusieurs siècles. C'est la pensée qui me rassure, au moment où j'assume les graves devoirs qui m'incombent. L'Italie, qui a su comprendre Victor-Emmanuel, me prouve aujourd'hui ce que mon illustre père n'a jamais cessé de m'enseigner, à savoir : que l'observance religieuse des institutions libre est la sauvegarde la plus sûre contre tous les dangers. Cela est la foi de ma Maison, ce sera ma force. Le Parlement, fidèle à la volonté nationale, pourra me juger dès les premiers pas de mon règne, sur cette loyauté d'intention que le glorieux roi, dont tous célèbrent la mémoire, a su inspirer même dans les ardentes émulations des partis et dans l'inévitable conflit des opinions. La sincérité des pensées, la concorde dans l'amour de la patrie nous accompagneront, nous en sommes certain, dans le chemin difficile que nous avons à parcourir, au bout duquel je n'ambitionne que de mériter cet éloge : Il fut digne de son père. »

Les paroles du roi furent saluées par une imposante ovation, qui se répéta à la sortie des souverains.

Léon Fortis raconte, à propos de cette journée, une anecdote qu'il dit tenir d'une dame qui assistait à la séance royale.

« La reine assistait, de la tribune royale, à la prestation de serment d'Humbert. Elle connaissait le discours que le roi devait prononcer. Mais le roi, en le lisant, par une attention délicate, appuya sur les passages où il était question des devoirs de la reine comme souveraine, comme épouse et comme mère. En proférant ces paroles, la voix d'Humbert tremblait d'émotion. Ses yeux se tournèrent vers la tribune, et un éclair de tendresse profonde illumina trois visages. Quand le roi sortit de la salle des séances, il rencontra la reine qui se jeta dans ses bras en pleurant. La solennité de la cérémonie, du lieu et du cortège n'empêchèrent pas les souverains de mêler leurs larmes, quand Humbert, la serrant sur son cœur, la baisa sur le front et se dégagea de ses étreintes, pour reprendre la contenance de la circonstance. »

Le retour au palais royal fut une marche triomphale. La foule, comme prise de délire, acclamait frénétiquement le jeune couple, à qui étaient confiées les destinées de l'Italie.

Les souverains durent se montrer plusieurs fois au balcon du Quirinal ; et le prince d'Allemagne, prenant dans ses bras le petit Victor-Emmanuel, le présenta au peuple, qui redoubla ses acclamations pour le fils de son roi.

Le soir du même jour, Humbert, voulant inaugurer son règne par un acte de clémence, publia un décret d'amnistie. Ainsi un acte de générosité commença ce règne qui, pendant vingt-deux ans, ne fut qu'une suite de bienfaits.

CHAPITRE TROISIÈME

L'ATTENTAT DE PASSAMANTE

Les premiers jours de juillet, le roi Humbert et la reine Marguerite, accompagnés du jeune prince, entreprirent de visiter les principales villes d'Italie.

Ils partirent de Rome le 9 juillet, jour où finissait le deuil officiel de Victor-Emmanuel. Avant de partir, il allèrent déposer une prière sur la tombe du grand roi, au Panthéon. Une foule immense les accompagna à la gare, au milieu des acclamations.

Le voyage des nouveaux souverains à travers la Péninsule fut vraiment triompal. A la Spezia, à Turin, à Milan, à Monza, à Venise, à Parme, à Modène, à Bologne, à Florence, à Arezzo, à Pérouse, à Ancône, à Chieti, à Bari, à Foggia, partout enfin où ils passèrent, l'accueil fut enthousiaste, indescriptible.

« Dans ce voyage, écrivait alors un journaliste, le roi a conquis tous les esprits, la reine tous les cœurs, et le petit prince toutes les espérances du peuple italien.

« Dans cette grande revue du pays, personne ne manqua. Le peuple tout entier fut présent, avec ses penseurs, avec ses savants, avec ses artistes, avec ses hommes d'Etat, avec ses poètes.

« Jamais voyage ne fut plus triompal, et aucun prince, aucun tribun, aucun roi, aucun bienfaiteur du peuple, ne recueillit jamais un tel trésor d'affection. »

Le matin du 17 novembre, les souverains partirent de Foggia pour Naples, où ils furent reçus par une foule immense, dépassant toutes les prévisions. De la station, le cortège se dirige vers le palais royal, passant au milieu d'une haie de peuple, par la rue Foria. La foule acclamait frénétiquement, et une pluie de fleurs tombait sur le carrosse royal, dans lequel avaient pris place le roi Humbert, la reine Marguerite, le prince de Naples et le président du conseil des ministres, Benoît Cairoli.

D'un bond, un homme saute sur le marchepied de la voiture, comme s'il voulait remettre une supplique au roi, et sortant un couteau à virole, il essaya de le frapper. Humbert, avec une promptitude et un sang-froid vraiment admirables, se dressa d'un coup et frappa l'assassin avec la garde de son épée, tandis que la reine criait avec une angoisse indescriptible au ministre :

— *Cairoli, sauvez le roi.*

Cairoli avait saisi l'assassin par les cheveux, quand le forcené lui lança un coup de couteau qui l'atteignit à la cuisse. Accoururent alors un jeune étudiant, un garde municipal, un cuirassier, et l'assassin est enfin arrêté. C'était un certain Jean

Passanante, cuisinier à Salvia, province de Potenza, âgé de vingt-neuf ans.

Tout cela s'était passé en si peu de temps, que personne ne s'en aperçut, pas même la suite du roi qui était dans les autres voitures. Mais la nouvelle s'en répandit bientôt dans la ville, et dans la soirée toute l'Italie la connaissait et en éprouvait une émotion indescriptible. Il y eut une telle unanimité d'indignation pour l'attentat, et une telle joie de savoir le roi sain et sauf, que ce jour fut un nouveau plébiscite pour les Italiens. Des démonstrations eurent lieu sur les places, dans les rues, dans les associations, dans les municipalités, dans les théâtres, partout enfin où se trouvaient des hommes. La marche royale fut répétée jusqu'à quinze fois de suite. Tout ce qu'un peuple peut dire et faire, pour montrer son dévouement au roi et à la dynastie, a été mis en action, et d'un bout à l'autre de l'Italie l'émotion fut immense.

Heureusement, la blessure du roi fut très légère : celle de Cairoli un peu plus grave.

Tous les souverains étrangers, les gouvernements, les parlements envoyèrent des dépêches de félicitation. La Chambre des députés envoyait à Leurs Majestés l'adresse suivante :

« Sire,

« Les Élus de la nation, étroitement serrés autour de vous, vous répètent, comme un écho fidèle, le cri d'horreur pour l'attentat impie et insensé, et l'explosion d'une joie infinie qui, d'un bout à l'autre de l'Italie, a démontré combien est sacrée, sûre et universelle, entre le prince et le peuple, la correspondance des saintes affections, et comme l'Italie se personnifie en vous, par un nouveau et puissant plébiscite d'amour.

« Comme le sang de votre aïeul magnanime et de votre père, le roi libérateur avec lequel vous avez partagé les dangers des batailles, a valu à l'Italie sa rédemption civile et politique, ainsi ces gouttes qu'un poignard assassin a fait couler, seront pour la patrie son salut intérieur et l'affirmation inévitable des principes d'ordre dans la liberté, pour lesquelles, Sire, nous vous ferons une cuirasse de nos poitrines, comme nous vous en donnons ici un témoignage solennel.

« Et cette poignante et indicible douleur, qui cependant n'a pas abattu l'âme forte de la reine vertueuse et bien-aimée, ni le courage du jeune prince, demeurera dans nos cœurs, et nous excitera à remplir notre devoir et à rendre, par notre exemple, toujours plus ferme la foi de tout le peuple en la glorieuse dynastie de Savoie, origine miraculeuse du roi, qui sut élever son trône sur l'affection des Italiens, par la pratique vivante et constante des plus hautes vertus.

« Sire,

« Dans la peine et la joie, notre cœur bat toujours pour vous. L'angoisse de votre danger nous a purifié à l'école de la douleur, comme la joie de votre salut hâte pour nous cette heure de félicité, qu'avec vous et par vous nous espérons préparer à nos enfants et à notre patrie bien-aimée.

« Vive le roi! Vive la reine! »

Le Sénat, à son tour, envoya une adresse qui se terminait ainsi :

« Sire,

« La nation qui pense, qui travaille, qui souffre sans imprécations, qui veut hâter les temps meilleurs est avec vous. Le Sénat du Royaume, dont vous connaissez le dévouement, vous félicite et vous acclame, avec ce vif sentiment de joie qui succède au danger heureusement disparu. Si nous n'étions pas réunis autour de vous, comme la première Assemblée de l'État, nous serions, avec les mêmes sentiments, au milieu du peuple, et nous dirions avec lui : Vive le roi! Vive la reine! »

Le roi et la reine étaient profondément émus par ces démonstrations.

Aux Napolitains qui se désolaient de ce que le crime avait été commis dans leur ville, Humbert disait : *je trouve une large compensation à ce qui est arrivé, dans les démonstrations d'affection que me prodiguent les Napolitains*. Et à quelqu'un de Basilicata, chagriné d'être le concitoyen de l'assassinante, il disait : *les assassins n'ont pas de patrie.*

L'enthousiasme à Naples monta à son plus haut degré.

« Des populations entières, écrivait Michel Uda dans l'*Illustration italienne*, entraient en ville, bannières déployées, musique en tête, se faisaient présenter au roi, et déploraient le grand malheur que l'assassin soit né dans leurs terres, et qu'il y ait laissé la souillure de son passage et de son séjour. Humbert souriait, leur disait des paroles que le cœur n'oublie pas, leur serrait les mains. Ils entraient au palais tristes, mais résolus, et en sortaient tout autre, les yeux rayonnants à travers les larmes qu'ils avaient peine à contenir.

« J'ai vu entrer et sortir dix-sept maires de la Basilicata, et parmi eux celui de Salvia, triste village suspendu sur des précipices, que Passanante a contristé en y venant au monde. Le maire de Salvia est un petit propriétaire, si petit qu'il n'a pu, pour venir à Naples, se payer le luxe de l'habit noir des présentations officielles. Le Conseil communal, convoqué d'urgence, a voté les fonds sans discussion. La Commune se sera ruinée, mais Salvia a fait son devoir. J'ai vu et admiré et l'habit et le maire. Comme il nous trouvait embarrassé et mal à l'aise, lui si grand! Quand le roi lui tendit la main, il se tourna vers les autres représentants et s'écria : *Messieurs, les assassins n'ont pas de patrie*, et un sanglot sortit de tous ces cœurs honnêtes. »

« Ce ne fut pas le seul épisode qui rompit la

monotonie un peu officielle des adresses et des télégrammes nombreux. Il en vint huit mille.

« Un étudiant, qui avait la phrase chaude comme le teint du visage, et le geste vif comme la phrase, leva vers le roi des yeux brillants d'enthousiasme, et les bras dans l'attitude de la prière : *Sire*, s'écria-t-il, *si un jour un nouveau danger vous menace, souvenez-vous que les étudiants napolitains vous aiment. Sire, si ce jour vient, appelez-nous autour de vous, et nous nous ferons tuer à vos côtés.*

« Un autre étudiant se tourna vers la reine et lui dit : *Majesté, permettez-moi de baiser la main du prince de Naples. Pas seulement la main*, répond la reine, et elle présente son fils à l'étudiant à genoux, qui le serre dans ses bras, le presse sur son cœur et l'embrasse longuement, dans un transport d'amour et de respect.

« Chères et poétiques audaces de vingt ans, si bien exprimées et si bien comprises. »

Cairoli, qui avait sauvé le roi au péril de sa vie, et qui fut grièvement blessé, fut l'objet de nombreuses ovations pour son acte héroïque, et reçut plusieurs médailles d'or offertes par les Municipalités.

Les souverains quittèrent Naples au milieu d'une grandiose démonstration, et arrivèrent à Rome dans l'après-midi du 26 novembre, accueillis par le peuple romain avec un enthousiasme indescriptible.

CHAPITRE QUATRIÈME

HUMBERT SUR LES RUINES DE CASAMICCIOLA

En 1883, un violent tremblement de terre fit de l'île riante de Casamicciola un monceau de ruines. A peine le roi, qui était à Monza, eut-il connaissance du désastre, qu'il télégraphia au ministre Genala, qui était immédiatement accouru sur le lieu de la catastrophe :

« Son Excellence Genala,

« J'ai appris le grand malheur qui frappe Casamicciola, j'en suis désolé, et j'ai décidé de partir visiter sans retard ces malheureuses populations, si douloureusement frappées.

« Affectionné HUMBERT. »

Il partit et arriva à l'île d'Ischia, le premier août, à 10 heures du matin.

A peine débarqué, il se rendit sur les points les plus périlleux, donnant le bras à l'un, encourageant les autres par de bonnes paroles, par des éloges.

Les soldats qui, sur ce nouveau champ de bataille, relevaient les morts et les mourants au milieu des ruines, prirent courage en voyant à côté d'eux leur roi, exposé aux mêmes dangers, bravant la mort pour secourir les malheureux.

Au ministre Genala qui l'exhortait à ne pas trop s'exposer, le roi répondit : « *Je veux aller où les autres vont : tous les hommes sont égaux devant le malheur. Voyez-vous ce soldat comme il travaille sur ce monceau informe de ruines. Il accomplit noblement son devoir : hé bien, je veux aller jusque-là, pour lui serrer la main et lui dire un bravo du cœur.* »

Nous ne parlons pas de tant d'épisodes qui se sont passés sous les yeux de Sa Majesté ; nous ne disons rien de l'abnégation, de l'affabilité, de la patience avec lesquelles le bon roi soignait les blessés, consolait les affligés, assistait les pauvres. L'histoire a écrit tout cela en caractères d'or, et l'Italie n'oubliera jamais la conduite admirable de son roi. A ces infortunés, Humbert répétait : « L'Italie entière pleure avec vous par les yeux de son roi. »

L'honorable de Zerbi, qui accompagnait le roi, décrit à son tour, dans le *Piccolo*, la scène émouvante d'Humbert.

« A cinq heures du matin, le 1er août, le roi est arrivé à Casamicciola. Il était venu à bord de l'*Explorateur*, et était accompagné des ministres Depretis, Mancini, Acton, des députés di San Donato et Dini, des commandants des forces de terre et de mer, de son premier aide de camp, du général Morra, de l'aide de camp du général commandant Borgnini et de l'aide de camp du ministre Acton.

« Sa Majesté est reçue à Casamicciola par le ministre Genala, par le député de Zerbi, par le sous-préfet de Pozzuoli, par le chevalier Mazzella, maire d'Ischia, par le général Guarasei, commandant supérieur des forces militaires à Casamicciola, par le lieutenant-colonel Parodi, dont la conduite et l'intelligente activité furent, en cette circonstance, au-dessus de tout éloge.

« Presque tous les survivants de l'infortunée Casamicciola étaient réunis sur la place de la Marine. Et à peine le roi eût-il mis le pied à terre, qu'on entendit sortir de la poitrine de tous ces malheureux un long gémissement d'angoisse ; ce cri de douleur fut le salut de Casamicciola à son roi. Le roi ne voulut pas de gardes autour de lui. La foule s'écrasait pour arriver auprès de sa personne, et, prosternée jusqu'à terre, lui baisait les genoux. Le roi et les ministres ne pouvaient retenir leurs larmes.

« *Je veux tout voir!* dit le roi au ministre Genola. On lui fait observer que le chemin est long, presque impraticable et plein de dangers. A toutes ces difficultés, le roi répond : Je *dois* tout voir. Et il a tout vu, tout. Ce parcours lamentable dura deux heures. Les malheureux qui se tenaient, en pleurant, devant les ruines de leurs maisons, s'agenouillaient et levaient les bras vers le roi. Le roi s'arrêtait, les interrogeait, demandait à de Zerbi l'explication des phrases qu'il ne pouvait comprendre, le dialecte de ce pays étant un dialecte particulier. A mesure qu'il avançait, il devenait plus triste et s'écriait avec angoisse : Horrible! horrible! je ne m'imaginais pas un si grand malheur. On lui présenta, en un endroit où la puanteur des cadavres était insupportable, un flacon de camphre, il le prit et le laissa tomber des mains. Il s'arrêtait plus longtemps dans les endroits où le danger était plus grand. Ayant appris que des personnes avaient été retirées vivantes des ruines, après quatre jours, il ordonna, avant de quitter ces lieux, de n'empêcher personne de rechercher et de déterrer les siens, en prenant les précautions hygiéniques nécessaires. En effet, de Zerbi affirme qu'une femme, la nourrice de sa grand'mère, a été retrouvée vivante, après dix jours d'ensevelissement. Le roi partit au milieu des bénédictions de cette population en larmes, et il alla à Forio d'Ischia.

« Le long du voyage de Casamicciola à Forio, le roi s'entretint avec ses ministres Genala et Depretis de ce qu'il y avait à faire pour les morts et pour les vivants. Le ministre Depretis, ému lui aussi, s'est montré tout disposé à seconder les idées généreuses de Sa Majesté, et à donner des secours proportionnés à la grandeur du désastre.

« A Forio, la réception de la population est

moins douloureuse ; elle se fait plus expansive. La foule criait : « Vive notre père ! Vous êtes notre père ! Merci, merci, ô père, ô Majesté ! Le roi, arrivé au point culminant, d'où se voyait l'horrible spectacle de tant de ruines, se fit expliquer par les personnages de sa suite les circonstances de la catastrophe, et il jugea qu'à Forio aussi le désastre est très grand, bien que les victimes soient en plus petit nombre. Le gouvernement décida de venir largement en aide à cette population.

« Cette visite à travers les ruines de Casamicciola et de Forio, sous un soleil ardent, pouvait donner une idée de ce qui était arrivé à Lacco. Mais Sa Majesté voulut voir aussi ces gens désolés, et il ordonna à l'*Explorateur* de s'arrêter devant Lacco. Les habitants qui survivaient au désastre, heureux de la visite de leur roi, allaient dans l'eau jusqu'au genou, l'acclamaient comme un père. Toute l'assistance fondait en larmes. Là aussi Humbert visita les ruines et consola les malheureux.

De là il rentra à Naples, où à peine arrivé, il manda le préfet Sanseverino et lui dit : « Je mets à votre disposition cent mille francs de ma cassette privée ; je constate avec satisfaction, qu'en cette occasion douloureuse, le gouvernement comprend son devoir. »

CHAPITRE CINQUIÈME

LE ROI HUMBERT AU MILIEU DES CHOLÉRIQUES

Le 26 août, le roi Humbert apprit que le choléra faisait des ravages à Busca. N'écoutant que la voix de son noble cœur, il partait immédiatement pour cette ville, avec le ministre Depretis.

Arrivé à Busca, il commença par distribuer de larges aumônes aux pauvres, puis il se rendit dans les hôpitaux, dans les lazarets, où, avec l'amour d'un père, avec l'affection, la charité et la patience d'un infirmier, il visita chaque lit, consolant, encourageant les malades, les mourants qui poussaient des cris lamentables.

Dans un modeste et patriotique petit livre, nous trouvons, au milieu de nombreux souvenirs de notre roi, ce beau passage sur sa visite aux cholériques de Busca :

« Calme, serein, comme s'il accomplissait une consigne, le roi Humbert alla dans les chaumières, dans les pauvres réduits des ouvriers, écouta les demandes des malheureux et sut les consoler par sa présence et par ses paroles vraiment inspirées. Affligé et même surpris des misères qu'il voyait, il luttait avec lui-même pour se montrer presque souriant. Son cœur souffrait et était triste. Mais celui qui portait les consolations aux pauvres cholériques, pouvait-il leur communiquer la tristesse de son âme? « *Courage, courage*, disait-il, *courage : c'est un mal comme un autre... il faut obéir aux prescriptions du médecin...* »

Des mansardes, des chaumières abandonnées, des chemins déserts et brûlés par le soleil, que le roi avait visités, que de prières montèrent vers le Dieu tout puissant pour le pieux monarque, pour le monarque intrépide qui accomplissait la charité si noblement, si saintement.

Le *Popolo Romano* du 27 août avait fait sur la visite de Sa Majesté à Busca, un article intitulé : *Le Cœur du roi*. Le voici :

« Des télégrammes de Turin nous annoncent que le roi, à peine informé des ravages du choléra dans la commune de Busca, a quitté les côteaux ensoleillés de Valdieri, pour aller sur les lieux infectés, dans le noble but d'encourager, par sa présence, par sa parole, ces pauvres gens frappés d'un si terrible mal. A ses côtés est le président du Conseil qui connaît son devoir et qui le remplit toujours, sans qu'une certaine presse se donne l'ennui de le lui indiquer. »

« Il est beau, il est noble, il est grand cet exemple de courage et d'abnégation que nous donne le Chef de l'État. Cet exemple, s'il nous remplit d'admiration pour notre souverain bien-aimé, n'est ni inattendu, ni nouveau pour nous, car les rois de Savoie, autant sur les champs de bataille que sur le terrain des malheurs publics, ont toujours été les premiers à accourir là où la mêlée était la plus ardente, le danger le plus grave. Dans la poitrine de nos monarques palpite le cœur de toute la nation ; nos joies et nos douleurs sont leurs joies et leurs douleurs.

« Comme son illustre père volait au secours des Romains, en 1870, quand le Tibre menaçait de déborder, ainsi Humbert, en 1882, allait consoler les populations de la Vénétie, ruinées par les inondations. A l'exemple encore du grand roi qui, en 1865, malgré les conseils de ses ministres, accourait à Naples, où le choléra faisait de nombreuses victimes, Humbert n'a pas craint de braver les mêmes dangers à Busca frappé du même mal. Il a visité les malades des lazarets et des maisons particulières, et, en partant, il a laissé au maire, pour le soulagement de tous, 10.000 francs.

« En montant sur le trône, Humbert Ier a dit que sa plus grande ambition était de se montrer digne de son père, et tel, en toute occasion il se montre.

« Le sang de Savoie ne ment jamais.

« Devant ce roi qui se soustrait à la sécurité de ses sites alpestres, pour affronter les dangers d'un mal aveugle, pour donner à ses sujets une nouvelle preuve de son profond et indéfectible attachement, oh ! combien pâlissent certains déclamateurs démocrates qui, en pareille circonstance, ne font pas un pas pour le soulagement du peuple.

« Le roi qui visite les pauvres cholériques, ayant à ses côtés son premier ministre, non seulement resserre davantage la chaîne douce qui, par des liens d'amour, lie le peuple italien à sa glorieuse dynastie ; non seulement il ajoute un nouveau et précieux titre à cette impérissable reconnaissance, que déjà lui doit le pays, mais encore il donne une nouvelle preuve de force, capable de rassurer les plus timides et les plus craintifs, puisque le souverain et le gouvernement, unis dans la même pensée, partagent les malheurs qui affligent la nation et les rendent moins désastreux, dans la limite du possible.

« Nous figurons-nous ces malheureux habitants de Busca, quand le roi est venu au milieu d'eux? Dans cet infortuné pays éprouvé par l'épidémie, entre les soins à donner aux malades et ceux non moins pénibles que réclament les morts, entre les deuils des familles atteintes et la misère croissante, ces gens isolés, environnés, fermés par un cordon sanitaire, auraient éprouvé le découragement de ceux qui sont mis au ban des nations.

« Et maintenant quelle suprême consolation pour ces malheureux, que de voir cette clôture brisée comme par enchantement, et leur souverain bien-aimé, accompagné de son ministre et de sa suite, venir sans peur au milieu d'eux, les encourager par son exemple, les consoler par ses paroles et les aider par ses secours.

« Grâce aux vertus rares et sublimes qui illustrent les glorieux descendants de la Maison de Savoie, la Monarchie italienne ne s'appuye, pour gouverner, ni sur le droit divin ni sur le droit de la force, mais sur le consentement libre et spontané de la nation, exprimé dans un pacte de reconnaissance et d'amour. Le roi, qui va au milieu de ceux qui souffrent, comme un père tendre au milieu de ses enfants, est le plus sublime symbole de ce pacte, et la synthèse la plus complète entre le peuple et la monarchie, par laquelle nous sommes devenus, des Alpes au cap Misène, une terre libre et une.

« Humbert avait quitté Busca au milieu des bénédictions du peuple qui le regardait comme un sauveur, et il était rentré depuis peu à sa villa, quand il reçut presque en même temps deux télégrammes. L'un l'invitait aux courses militaires de Pordenone, l'autre lui annonçait qu'à Naples, le choléra faisait d'horribles ravages. Sans hésiter un seul instant, le roi répond : *A Pordenone on est en fête; à Naples on meurt. Je vais à Naples.*

« Aussitôt que l'on sut le départ d'Humbert pour Naples, il n'y eut qu'un cri d'un bout à l'autre de l'Italie. Tous acclamaient le roi généreux, le roi bon, le roi intrépide, tous faisaient des vœux pour que cette vie précieuse fût épargnée. En pensant au grave danger auquel le souverain bien-aimé s'exposait, pour suivre les élans généreux de son cœur, les Italiens éprouvaient une douloureuse anxiété, ils craignaient pour cette précieuse existence; mais quand ils voyaient le roi aller dans les rues de Naples, encourageant la population, consolant les affligés, relevant les cœurs, alors ils oubliaient les dangers, et ils se sentaient pris d'admiration et d'enthousiasme pour le roi bon et courageux. »

Le *Piccolo de Naples*, dirigé par Rocco de Zerbi, député et journaliste, qui a donné en cette douloureuse circonstance de grandes preuves de courage et d'amour du prochain, racontait ainsi l'impression produite à Naples par l'arrivée d'Humbert :

« Le spectacle est beau, émouvant. Le roi passait, et des faubourgs les plus pauvres comme des rues les plus riches, les gens venaient en foule, laissant les malades, pour leur porter ensuite le baume de la vision qu'ils avaient eue, et la confiance que leur avait donné l'enthousiasme. Et ce peuple qui est décimé n'a d'autre préoccupation que celle d'applaudir le souverain. Il semblait lui dire : *Morituri te salutant*. Mais non : ce peuple en criant vive le roi, disait : Vive la vie! Car le roi est venu chasser le fléau, comme les rois de l'antique christianisme chassaient le fléau des barbares. Le peuple venait de partout. La foule grossissait : c'était mille personnes, puis dix mille, puis cinquante mille : ouvriers en habits déchirés, seigneurs, mères de famille avec leurs enfants dans les bras ; — un plébiscite fait avec la pensée libératrice de la vie des citoyens. Beau, magnifique, saint enthousiasme du peuple. »

Voici ce qu'écrivait le *Morning Post* de Londres :

« Passant outre aux avis des conseillers, et n'obéissant qu'à ce généreux et noble instinct qui est un des caractères des princes de Savoie, le roi Humbert a visité Naples, et sa présence parmi les cholériques a évoqué un cri universel d'admiration. »

« Sa visite n'a pas été dictée par des considérations politiques, puisque tout le monde sait que les liens qui unissent le roi aux populations de la Péninsule sont indissolubles. En visitant Naples, au moment où la terrible maladie faisait tant de victimes, le roi Humbert a accompli un acte qui caractérise le règne d'un monarque. Ils ont bien dit, les Napolitains, quand ils ont salué le jeune souverain par ces paroles : « Vive le second père de la patrie ».

Le ministre Depretis, qui a accompli aux côtés d'Humbert des prodiges d'abnégation et de charité, craignant pour la vie du souverain, tenta de le persuader de partir ; mais le roi répondit : « Je reste. » Si les Chambres vous font une interpellation, vous direz que je vous ai répondu : « Je veux rester ! »

Et il resta encore six jours, assistant les malades et les moribonds, encourageant, consolant par son auguste présence, à tel point que le pape Léon XIII, plein d'admiration pour le magnanime Humbert, chargea, par dépêche, le cardinal San Felice, un autre ange de charité, de présenter au roi d'Italie l'expression de ses sentiments pour sa noble et charitable conduite.

Pour clore cette splendide page de la vie du roi, nous citerons l'affectueux télégramme que lui envoya la reine qui l'accompagnait de cœur et d'esprit : « Moi et le prince héritier sommes fiers d'avoir un tel mari et un tel père. La divine Providence est avec vous ; elle guide et protège vos pas. »

Le roi envoya au maire de Naples trois cent mille francs accompagnés de la lettre suivante :

Naples, le 11 septembre.

« Sa Majesté le roi, ému par le spectacle douloureux des malheurs dont il a été le témoin, m'ordonne de vous informer qu'il approuve votre conduite charitable, et celle des autorités municipales qui se sont dévouées avec tant de cœur à cette population aussi bonne que malheureuse.

« Sa Majesté le roi désire que sa visite à Naples et le zèle que vous, les fonctionnaires et les citoyens avez deployé, servent d'encouragement à la population, pour résister aux dures épreuves qui l'affligent.

« Sa Majesté le roi m'ordonne de vous remettre, en son nom et au nom de la reine, qui a suivi avec une douloureuse angoisse les malheurs de cette ville si chère à son cœur, la somme de trois cent mille francs, à distribuer immédiatement, entre les douze sections municipales, en proportion des besoins de chacune.

« Leurs Majestés recommandent plus spécialement à votre attention les plus éprouvés par l'épidémie.

« Le roi veut qu'une somme de cent cinquante mille francs de sa cas sette privée, soit employée à la fondation d'un asile destiné à recevoir les enfants pauvres, orphelins de père et de mère, ou de l'un d'eux, pour les diriger dans l'honneur et le travail.

« Sa Majesté, en prenant ces décisions et en les confiant à votre prévoyante activité, entend confirmer de plus en plus ses sentiments de profonde ffection pour la ville où est né son auguste fils.

« Avec mes sentiments respectueux,

Pour le Ministre :

U. Rattazzi. »

Avant de partir de Naples, le roi s'adressant au maire, lui dit : « Je ne m'attendais pas, au milieu des malheurs de la cité de Naples, à avoir l'accueil que j'ai eu. Je vous prie, monsieur le Maire, d'être l'interprète de mes sentiments auprès de toutes les classes de la population napolitaine. Maintenant je vous laisse, je vois que le mal diminue, autrement je serais resté avec vous, pour partager vos douleurs et assister vos pauvres malades. Mais, quoique éloigné de Naples, toutes les affections de mon cœur vont à votre cité, et j'attendrai à chaque instant des nouvelles rassurantes sur la santé publique. Je pars avec l'espérance que la décroissance de l'épidémie, déjà sensible, continuera, et que dans peu de jours, cette ville, si belle et aujourd'hui si malheureuse, reprendra son entrain. Le gouvernement, du reste, est résolu à prendre tous les moyens que vous croirez opportuns, pour réparer les malheurs. »

CHAPITRE SIXIÈME

LE ROI HUMBERT ET LA MORT DU PRINCE AMÉDÉE

Quiconque connut l'amour profond et sincère d'Humbert pour son frère Amédée, peut facilement imaginer l'impression douloureuse qu'il éprouva, quand, le 17 janvier 1890, il reçut la nouvelle inattendue et terrible que le duc d'Aoste était mourant, la pulmonie qu'il avait contractée, quelques jours auparavant, s'étant aggravée.

Le roi, qui se trouvait à Rome, voulut partir sur-le-champ, afin de saluer, peut-être pour la dernière fois, son frère bien-aimé.

Il arriva à Turin le 18 janvier, à une heure du soir, à peine à temps pour recevoir le dernier baiser du mourant, pour recueillir ses dernières paroles.

Quand le roi entra dans la chambre d'Amédée, il y rencontra la princesse Clotilde, la princesse Lætitia, les ducs de Gênes et des Pouilles et le comte de Turin. La scène fut déchirante. La rencontre d'Humbert et d'Amédée fut, dans son mutisme, pleine d'angoisse. Enfin Amédée put dire quelques paroles. « Regarde, Humbert, murmurat-il, en considérant affectueusement le roi, regarde, je me suis laissé tourmenter par les médecins; j'ai fait tout ce qu'ils ont voulu, pour avoir la suprême consolation de te revoir et de mourir dans tes bras. — Mais non... mais non..., reprit le roi, en tenant ses mains dans les siennes, non, non... Amédée, nous ne sommes pas à cette extrémité. — Oh! cher Humbert, je sens que c'est fini pour moi... Il n'est plus question que d'heures ; mais je suis résigné, et je meurs satisfait d'avoir encore pu t'embrasser. » Puis il voulut parler d'intérêts. Le Roi se pencha sur le lit pour recueillir plus distinctement chaque syllabe, et on l'entendit lui dire d'une voix affectueuse : « Mais oui, mais oui, mon cher Amédée, sois tranquille, je penserai à tous.... tu sais combien je t'aime, mon frère, mon pauvre frère... »

Durant les deux derniers jours, le duc demandait à chaque instant des nouvelles de son troisième fils, le prince Louis-Amédée qui voyageait dans l'Amérique du Sud. Quelques minutes avant d'expirer, il cria : « Oh! mon Louis, que Dieu te bénisse, te protège et t'accompagne! » Et se tournant vers le duc des Pouilles, il lui dit : « A son retour, tu l'embrasseras pour moi, et tu lui diras que j'ai pensé à lui jusqu'au dernier moment. » Le visage du prince se couvre de la pâleur de la mort, la respiration se fait plus lente, le pouls se perd, les mains se raidissent... Amédée est mort.

Il était 6 heures 45, le 18 janvier 1890.

Le roi fut le dernier à sortir de la chambre, après avoir affectueusement embrassé les enfants, l'épouse du défunt, la princesse Clotilde, tous anéantis par la douleur.

Au préfet et au maire de Turin accourus au palais, il raconta, à travers des larmes, les particularités des derniers moments, en ajoutant : « J'ai perdu mon plus cher et mon plus solide appui, le conseiller fidèle et dévoué, celui pour lequel mon cœur n'avait pas de secret. »

Humbert n'oublia pas la promesse faite à son frère mourant. Il mit son corps dans le cercueil, lui enleva les médailles et les décorations qu'il voulut garder comme un souvenir sacré, et lui plaça dans les mains, à côté du crucifix, un bouquet de violettes. Comme la soudure d'étain, employée pour fermer la bière, répandait une mauvaise odeur, le comte Morelli dit au roi : « Majesté, veuillez vous éloigner, ces exhalaisons font du mal. » Humbert répondit : « Non, non, je ne veux pas m'éloigner de mon pauvre Amédée; je lui ai promis de l'accompagner jusqu'à Superga, et je ne veux pas manquer à ma parole. » Et en effet, le jour des funérailles, Humbert accompagna jusqu'à Superga la dépouille de son frère bien-aimé.

CHAPITRE SEPTIÈME

LES NOCES D'ARGENT D'HUMBERT ET DE MARGUERITE

Le 22 avril 1893, le roi et la reine d'Italie solennisèrent le vingt-cinquième anniversaire de leur mariage.

Les fêtes solennelles et magnifiques qui se célébrèrent à Rome, en cette circonstance, démontrèrent, encore une fois, combien étaient chez les Italiens ardente l'affection et fidèle le dévouement à la Dynastie de Savoie, au roi magnanime et brave, à la reine charmante et pieuse.

Assistèrent aux fêtes l'empereur et l'impératrice d'Allemagne, la reine Marie-Pie, le duc d'Oporto, l'archiduc Régnier, le duc d'Iork et les représentants de toutes les nations civilisées.

La *Gazette officielle* annonça ainsi la fête des souverains :

« Demain s'accomplit le vingt-cinquième anniversaire du mariage heureux de Leurs Majestés le roi Humbert et la reine Marguerite de Savoie. La Maison de nos augustes souverains est en fête : aux joies de la Famille Royale répondent aujourd'hui, comme toujours, dans un applaudissement unanime, les vœux de bonheur et les félicitations du peuple italien qui, respectueux de la pensée généreuse des souverains, veut perpétuer cet heureux événement par une œuvre de haute bienfaisance.

« Dans cette capitale du Royaume d'Italie, acquise par la vaillance de la Dynastie de Savoie, unie aux efforts et à l'union du peuple italien, se réunissent les souverains, les princes, les représentants des maisons régnantes d'Europe et des nations amies, pour féliciter notre roi. Ces honneurs sont un témoignage solennel de l'union et de la communauté d'intentions et d'affections qui existent entre la Maison royale et la nation. »

Quoique sa Majesté le roi Humbert eut vivement recommandé de ne pas faire fête, et eut conseillé de faire des œuvres de bienfaisance, le 22 avril fut pour toute l'Italie un jour de joie franche.

Humbert, cédant à un désir spontané de son cœur noble et généreux, ne voulut pas laisser passer une fête qui lui était si chère, sans accomplir des actes de clémence, et en effet il publia un décret qui accordait une large amnistie. Et quelques jours après, voulant unir la charité à la clémence, il offrait un *demi* million, pour concourir à la fondation, à Rome, d'une institution, destinée à recevoir les enfants des ouvriers morts des accidents du travail.

Tous les Italiens, et spécialement les Romains, firent aux souverains des démonstrations pleines d'enthousiasme et de grandeur, à tel point que le roi, recevant les ministres quelques jours après, leur dit : *Je n'oublirai pas ces fêtes. Elles seront,* ajouta-t-il, *le plus beau souvenir de ma vie et de celle de la reine.*

Et à une délégation de la Chambre des députés, qui lui présenta une adresse, il répondit :

« Les touchantes preuves d'affection que toute l'Italie donne en ces jours à la reine et à moi, ont la plus haute expression dans les sentiments que manifestent les Élus de la nation. Mon cœur exulte de joie, en se sentant entouré de tant d'amour et de tant de dévouement. J'éprouve un patriotique orgueil d'en voir les témoignages à Rome, dans la présence de mon allié et ami, l'empereur d'Allemagne avec son auguste épouse, et des princes, venus au nom de toutes les puissances, donner à l'Italie et à moi la preuve de leur sympathie et de leur estime. La patrie sait que moi et ma famille vivons de sa vie, et que toutes nos pensées sont pour son bonheur. Mais c'est un besoin de mon cœur de le répéter aux représentants de la nation, afin qu'ils se fassent les interprètes de notre reconnaissance et de notre immense affection envers le peuple italien. »

Sa Majesté Humbert répondit au Sénat, venu pour le féliciter, de belles et patriotiques paroles, et termina ainsi :

« Les expressions si vives d'affection que le Sénat du Royaume adresse à la reine et à moi, remplissent mon esprit d'une douce et profonde émotion, comme éveillent dans mon cœur une impression non moins chère, les paroles par lesquelles cette haute Assemblée salue notre puissant allié et ami, l'empereur d'Allemagne, les princes et les représentants des puissances venus à cette fête de ma famille.

« Le souvenir de mon magnanime aïeul et de mon regretté et glorieux père est une nouvelle preuve du dévouement traditionnel du Sénat à ma Maison, et de son culte pour les mémoires sacrées qu'elle est fière d'avoir communes avec l'Italie. »

CHAPITRE HUITIÈME

L'ATTENTAT D'ACCIARITO.

Le 22 avril 1897, eut lieu un second attentat contre la vie du roi Humbert.

Le roi, accompagné du général Ponzio Vaglia, venait de franchir la porte Saint-Jean. à Rome, pour aller assister aux courses aux Capanelle, quand un individu, que l'on sut plus tard s'appeler Pierre Acciarito, s'élança sur la voiture et dirigea contre le roi Humbert un coup de poignard, qui, heureusement, frappa dans le vide. L'agresseur fut aussitôt arrêté, et le souverain continua son voyage vers le champ des courses.

Le roi Humbert, qui avait fait preuve d'un grand courage, était très calme.

Arrivé sur le champ des courses, il prit dans ses bras la reine Marguerite qui l'avait précédé, l'embrassa et lui raconta ce qui s'était passé. Le bruit de l'attentat se répandit vite dans la foule, et à son départ, le roi fut chaleureusement acclamé. Mais la démonstration vraiment imposante eut lieu le soir à Rome, où la nouvelle, rapide comme l'éclair, était déjà connue. Une foule énorme, portant des bannières, parcourt les rues principales de la cité, acclamant le souverain, maudissant l'assassin, et sur la place du Quirinal les ovations devinrent du délire. Le roi se montra plusieurs fois au balcon du palais et remercia la foule, puis il reçut une délégation qui lui exprima, au nom de la bourgeoisie romaine, ses sentiments de douleur pour l'horrible attentat dont il avait failli être victime.

Le roi, profondément ému, répondit : « On m'avait dit qu'on organisait une démonstration en mon honneur ; mais je n'aurais jamais cru qu'on pût la faire, en si peu de temps, si imposante, si nombreuse et si enthousiaste. Cela est pour moi d'un grand encouragement, et ainsi je serre toujours davantage les liens d'affection qui me lient à mon peuple, et je sens grandir en moi le devoir de consacrer tout moi-même au bien et à la prospérité de mon pays. » Puis, il pria les délégués de se faire les interprètes de ses sentiments de haute gratitude envers tous les citoyens.

Dans les autres villes d'Italie, dès que l'on apprit la nouvelle de l'attentat, ce furent les mêmes démonstrations et les mêmes acclamations pour le roi qui venait d'échapper, pour la deuxième fois, à l'arme d'un assassin. Le 22 avril, on chanta dans l'église du Saint-Suaire, à Rome, un *Te Deum* d'actions de grâces, auquel assistèrent le roi et la reine, les princes et les autorités.

Le 26 au matin, les souverains reçurent, en présence de leurs maisons civiles et militaires, le bureau du Sénat et les sénateurs présents à Rome. Le président Farini, accompagné de 87 sénateurs, introduit dans la salle du trône, prononça le discours suivant :

« Majesté,

« Les sentiments et les affections qui grandissent et se fortifient en présence d'un danger et d'un malheur, conduisent près de vous les sénateurs présents à Rome, pour donner, par leur présence, plus de valeur au témoignage que je vous ai exprimé le soir même, où vous avez échappé à un si grave péril. Ils vous disent, par ma bouche, que l'horreur, que l'effroi qu'ils ont éprouvé pour la tentative infâme, ne peuvent être surpassés que par la joie de vous revoir sain et sauf, parce que la main scélérate, à travers le cœur du roi loyal et bon, visait le cœur de la nation qui vit en vous.

« La bonne fortune, l'étoile d'Italie vous sauvèrent. Béni soit le ciel qui nous envoya cette étoile resplendissante qui nous protège et nous protégera contre la scélératesse, impuissante à rompre le dessein de la Providence, par lequel votre Maison a fait l'unité de l'Italie, et par lequel vous la gouvernez avec une affection de père. En nous adressant au descendant d'une race glorieuse, à un roi, à un soldat, nous vous disons : n'oubliez jamais, Sire, que votre vie est nécessaire à votre peuple, et nous ajoutons : comptez sur le Sénat pour exterminer les scélérats, pour la protéger la société et pour défendre la patrie. »

Le roi remercia avec effusion le président du Sénat, et lui dit que les manifestations unanimes de toute l'Italie avaient complètement chassé de son esprit le souvenir de l'attentat. Parmi les manifestations, celle qui lui allait le plus au cœur était celle du Sénat, sur le concours duquel il avait toujours compté et comptera toujours.

Après le Sénat, le roi reçut le président de la Chambre et un grand nombre de députés.

Le président Zanardelli adressa au roi le discours suivant :

« Sire,

« La Chambre des députés ne serait pas digne de représenter la nation, si elle ne venait vous exprimer les sentiments qu'a excités la nouvelle du danger auquel vous a exposé un acte abominable, et dont vous êtes sorti sain et sauf et fort d'une intrépidité sereine. A cette annonce, il y eut en nous, comme dans toutes les âmes italiennes, un sentiment d'incrédule stupeur, de vive indignation, suivi d'une explosion d'enthousiasme dévoué et de joie affectueuse : puisque s'il est vrai qu'il y en a qui attentent à une vie entourée de tant d'amour, à une vie qui a été conservée à la patrie, l'histoire enseigne que de semblables crimes ont toujours eu pour but les hommes les plus aimés, les plus élevés et les plus méritants pour leurs vertus et les services rendus aux nations. Aujourd'hui le crime monstrueux n'a heureusement servi qu'à démontrer au monde, de la manière la plus solennelle, la plus splendide, que notre peuple est lié à vous et à votre Maison, par des liens indissolubles de dévouement profond et fidèle.

« En ce moment, en face du suprême malheur auquel vous avez échappé, nous nous serrons plus intimement autour de vous, symbole et garantie de l'unité nationale, palladium sûr des libres institutions.

« A vous, Sire, et à vous, auguste reine, dont le cœur éprouve en ces jours tant de généreuses émotions, cet élan d'affection de tout un peuple apporte certainement d'incomparables consolations.

« Puisse votre vie, fortifiée par cet applaudissement populaire, nous être conservée longtemps pour l'honneur, la liberté, la grandeur de la patrie italienne. »

Le roi répondit avec effusion qu'aucune manifestation ne lui était précieuse, comme celle de la représentation nationale. Il ajouta qu'il trouvait dans ce témoignage de dévouement un motif et une impulsion pour se dévouer de plus en plus, et pour se donner tout lui-même pour l'avenir de la patrie.

CHAPITRE NEUVIÈME

L'ASSASSINAT D'HUMBERT Ier

Le dimanche soir, 29 juillet, le roi Humbert, qui était depuis quelques jours à Monza avec la reine, se rendit au concours provincial de gymnastique, organisé par la société de gymnastique de Monza *Forti e liberi*. Le roi avait reçu l'invitation quelques jours auparavant, et de suite il accepta. Même il répondit à la reine qui cherchait à le dissuader, à cause de la chaleur qui pouvait le fatiguer : « Non, non, je veux aller : il me plaît de voir la jeunesse belle et forte. »

Le champ, où se tenait le concours, était distant de la villa royale d'un peu plus de 300 mètres. Le roi arriva à 9 h. 20, en carrosse à deux chevaux, accompagné du général Ponzio Vaglia et de son aide de camp le général Avogadro. Il était vêtu en bourgeois, avec un chapeau haut de forme. Humbert fut reçu au son de la marche royale, et toutes les personnes présentes applaudissaient frénétiquement. Les exercices commencèrent, et le roi, qui était d'excellente humeur, dit plusieurs fois au syndic de Monza, Corbetta : « Vraiment ces spectacles sont consolants ;

il fait bon voir la jeunesse s'exercer à l'adresse et se fortifier dans les exercices de gymnastique. »

Sa Majesté écouta les discours et distribua les récompenses, ayant pour chaque lauréat une parole d'éloge, et s'entretenant d'une manière affable avec les différentes autorités présentes. La cérémonie terminée, les jeunes gens présentèrent les armes au roi, qui salua et descendit de l'estrade royale. Au bas de l'escalier, il dit au député radical Pennati : « Je suis vieux maintenant, mais j'envie ces jeunes gens forts ; dans un temps j'étais passionné pour la gymnastique. » Cela dit, il monta dans son carrosse, accompagné de sa suite. A gauche de la voiture se tenait le lieutenant des carabiniers Borsarelli. La musique jouait la marche royale, et le peuple criait frénétiquement : Vive le roi ! A l'improviste, pendant que les chevaux, excités par le bruit des applaudissements, étaient impatients de partir, un jeune homme à petites moustaches noires, pâle, s'avança vers la voiture. Le roi était encore debout, répondant aux saluts de la foule. Le jeune homme, appelé Gaétan Bresci, de Prato, tira sur le roi, presque à bout portant, trois coups de revolver, qui furent entendus par tous ceux qui étaient présents. Le souverain tombe sur les coussins de la voiture, pendant que le cocher d'un coup de fouet enlève les chevaux, qui soulèvent un nuage de poussière. Tout cela ne dura qu'un instant. Un membre du concours, qui se trouvait à quelques pas, accourut, et saisissant l'agresseur par les cheveux, le jeta à terre

L'assassin se débattit furieusement et déchira la tunique d'un carabinier. Enfin il fut garotté et mis dans une voiture, pendant que la foule exaspérée voulait le tuer. Plusieurs jeunes gens s'élancèrent sur lui pour l'achever.

Pendant ce temps, la voiture du roi entrait au palais. Humbert était très pâle ; il poussait de petits gémissements. Quand la voiture passait le seuil de la porte, Sa Majesté expirait. Il était 10 heures 50.

Le corps du souverain fut placé dans une salle du rez-de-chaussée, et les médecins Savio, Vercelli et Erba trouvèrent trois blessures faites par une arme à feu. On avertit en même temps la reine Marguerite, à qui l'on dit que le roi était seulement blessé, et elle se précipita dans la chambre, en criant et en pleurant. Quand elle s'aperçut qu'Humbert ne respirait plus, sa douleur et son désespoir furent déchirants. Elle s'approcha du cadavre, les mains jointes, la voix étouffée par les sanglots, elle s'écria : « Tu étais si bon ! Tu ne fis jamais de mal à personne, et ils t'ont tué ! C'est le plus grand crime du siècle ! »

La souveraine rentra dans ses appartements, mais bientôt elle revint et veilla toute la nuit le cadavre.

La nouvelle se répandit de suite dans toute l'Italie, et y produisit une immense impression de douleur. On vit des hommes, des jeunes gens, des femmes pleurer en apprenant l'horrible nouvelle

Et il n'y a pas lieu de s'en étonner : aucun roi, aucun empereur, aucun chef d'État ne fut jamais aimé, idolâtré de ses sujets comme le roi Humbert. Le journal de Vienne *Fremdenblatt*, parlant hier du roi d'Italie, disait : « Il était vénéré de toute l'Europe, comme le modèle des gentilshommes et des galants hommes. »

Et maintenant la pensée de tous les Italiens va à la reine Marguerite frappée par un si grand malheur, et au nouveau et jeune roi qui a trouvé, après un voyage de plaisir, le corps de son père sans vie, et a dû recueillir une couronne baignée de sang.

Le roi Humbert est enterré au Panthéon. Puisse-t-il dormir tranquille entre ces froides murailles, à côté de son glorieux père !

CHAPITRE DIXIEME

EPISODES ET ANECDOTES.

Le 8 janvier 1891, dans la rue des Quatre Fontaines, à Rome, les voûtes d'une maison en construction s'effondrèrent et ensevelirent quatre ouvriers. Trois n'eurent que de légères blessures. mais le quatrième demeurait enfoui sous les ruines.

Le roi Humbert, informé de l'accident, accourut aussitôt, accompagné du général Pallavicino, du contre-amiral Accinni, du lieutenant-colonel Aprosio, du comte Brambilla et des médecins de la Maison royale, les docteurs Saglione, Quirico et Gattei. Bientôt arrivèrent le préfet, le syndic, les généraux Manzano et Bava.

Le roi ne quitta pas les lieux, pendant cinq heures que dura le travail de sauvetage, encourageant les ouvriers, descendant avec eux dans les ruines. Enfin le malheureux est dégagé, et en voyant le roi devant lui, il cria : « Merci, Majesté, merci », puis il s'évanouit. Sur les ordres du roi on le porta à l'hôpital. Le départ du souverain fut salué jusqu'au palais : « Vive le vrai père du peuple », criait la foule enthousiaste.

*
* *

Léon Fortis raconte qu'il y a quelques années, quelques esprits conservateurs s'alarmaient de tendances démocratiques du jeune roi Humbert. Ces esprits prétendaient avoir seuls le privilège de constituer la garde du corps, d'être les cuirassiers de la Monarchie, au risque de l'isoler, en l'enfermant dans leur drapeau, de la multitude qui, dans nos temps, doit être la seule sauvegarde de la royauté. Or, dans une grande ville du royaume, un certain comte, ou marquis ou duc, était des plus ardents à blâmer les condescendances démocratiques de celui qui, disait-il, descendant de la Maison de Savoie, ne devrait pas tant accorder aux temps et aux cirtances.

Le roi le sut, et sut aussi que ce seigneur, si fier de son blason, était entré dans une société industrielle de machines à coudre, ou de distillerie de sucre de betteraves, on ne sait au juste, mettant dans ces entreprises ses riches capitaux, qu'il refusait aux œuvres philantropiques entachées, disait-il, de démocratie moderne, comme il se dérobait, par orgueil aristocratique, à toute fonction publique.

Il arriva qu'un jour ce seigneur est présenté au roi. Après les salutations d'usage, Humbert le regardant en face, lui dit : « Monsieur le Comte, no m'a rapporté que vous êtes à la tête d'une société industrielle. Est-ce vrai ? Hum ! »

Le noble comte sentit le coup, et écrasé par l'ironie de ce hum, il balbutie : « C'est vrai, Majesté. Il faut bien occuper mon activité ». « N'y a-t-il pas d'autre manière, répliqua le roi? Pour un homme de votre famille, de votre race, il y a l'armée, il y a la politique, il y a la philanthropie. Un de vos ancêtres est mort en combattant aux côtés d'Emmanuel-Philibert, un autre... » et, en quatre paroles, il apprit à ce noble, ahuri et surpris, l'histoire de sa famille qu'il ignorait.

Puis comme conclusion, il ajouta : « Quand on porte votre nom, on ne doit servir que son pays et l'humanité ». — « Majesté, reprit le comte, je ne sers personne ». « Si, répondit le roi, vous servez vos intérêts », et il lui tourna le dos.

La leçon était dure, mais méritée.

*
* *

Un avocat, président d'une société ouvrière, républicain convaincu, eut un jour une longue audience du roi, qui s'informa de tout, entra dans tous les détails. Touché de l'affabilité intelligente avec laquelle il avait été reçu : « Majesté, dit-il avant de sortir, je suis républicain, vous aura-t-on dit ; oui, c'est vrai... mais si nous avions la République, je donnerais non-seulement mon vote, mais encore mon sang pour que Votre Majesté en soit le président. » Le roi sourit, et lui frappant sur l'épaule, lui répond : « Cher avocat, ne serait-il pas mieux que vous épargniez votre sang, et que vous me preniez comme je suis et pour ce que je suis... hum? »

L'avocat embarrassé s'inclina et balbutia en sortant : « Votre Majesté a raison. J'y penserai. »

*
* *

Le *Piccolo* de Naples raconte un trait de la vie d'Humbert, pendant le choléra de 1884.

« Après la visite à l'hôpital de la rue du Campo, le roi, avant de remonter en voiture, s'entretint quelques minutes avec un des députés qui l'avaient accompagné. Le député recommanda au roi d'être prudent et de prendre garde contre le danger. Le roi répondit simplement : « Je fais comme tous les citoyens de Naples, comme vous, par exemple ». «Je ne fais que mon devoir, reprit le député». — «Et moi, je fais le mien, en ne tenant pas compte du danger, » conclut le roi.

« Ainsi le roi restera encore plusieurs jours à Naples. Il l'a dit ce matin à l'honorable Semmola, qui lui a fait observer qu'un des remèdes au mal était sa présence au milieu de nous. — Alors je ne m'en vais pas, répondit le roi. Et, en effet, il resta et visita les sections de Penderio et de Porto, où le mal faisait le plus de victimes».

*
* *

Un jour de printemps, Humbert revenait des courses des Capannelle, hors la porte Saint-Jean. A une journée splendide succédait une soirée orageuse. Le défilé des voitures était long, et un encombrement se produisit. La voiture de Sa Majesté dut se mettre à la suite des autres, pour permettre aux gardes municipaux de rétablir la circulation. Pendant l'arrêt, la foule qui entourait la voiture royale avait la tête découverte, c'étaient des enfants, des vieillards. Le roi sourit de complaisance, et par deux fois dit à ces braves gens : « Messieurs, je vous en prie, couvrez-vous ; personne ne doit se rendre malade pour moi. »

* * *

Un matin, Humbert et Amédée sortaient pour une partie de chasse. Les rues, à cette heure, étaient encore désertes. A peine quelques négociants qui ouvraient les boutiques, et çà et là, des balayeurs municipaux qui commençaient leur travail. Humbert et Amédée allaient, discourant avec leur gouverneur, quand, tout à coup, ils rencontrèrent un pauvre vieillard à longue barbe, que les années et les souffrances avaient rendue plus blanche que la neige. Le pauvre homme marchait avec peine, la main appuyée sur un bâton. Humbert céda la droite au vieillard et le salua respectueusement. « Connais-tu ce vieillard, lui demanda Amédée ? » « Non, je ne le connais pas ». « Mais alors pourquoi l'as-tu salué » ? « Oh ! dit Humbert, c'est un vieillard. »

Dans cette réponse est tout l'esprit d'un homme bien né.

*
* *

Un jour, le roi reçoit cette étrange lettre écrite d'une écriture d'écolière :

« Cher monsieur le roi,

« J'ai beaucoup entendu parler des beaux habillements de la reine, et je serais heureuse de les voir. Il est vrai que la reine n'est pas ici maintenant, mais certainement vous avez la clef, et comme c'est le temps des vacances, je pourrais aller de suite.

« Je vous prie, Monsieur le roi, de me laisser tout voir et de m'écrire quand je puis venir.

Mariette Leoni,
écolière de la cinquième classe. »

Le roi fait répondre à cette enfant par son secrétaire :

« Chère Mariette,

« Le roi te salue et te fait dire qu'il n'aime pas les enfants curieuses. Et puis, avec la meilleure volonté, il ne peut satisfaire ton désir, parce que la reine est une bonne ménagère qui, avant de partir, a mis tout en ordre et a tout enfermé sous clef. »

*
* *

Chacun sait que le roi n'allait jamais au théâtre, sauf dans des circonstances exceptionnelles.

Interrogé sur cette détermination, il répondit un jour : « Je ne puis sortir sans être forcé de faire le souverain ; j'ai bien le droit de me reposer au moins le soir ; du reste mes goûts ne m'en font pas une privation. »

A ce propos, le journal *le Matin*, de Paris, raconte qu'un soir de réception au Quirinal, on fit beaucoup de musique classique, tellement classique que le duc de Gênes s'endormit profondément. Le concert fini, le roi, tenant cercle autour de lui, avisa un sénateur, ancien ministre, et à brûle-pourpoint lui demanda : « Eh bien, vous êtes-vous amusé »? « Peu, Majesté ». « Heureux êtes-vous, reprit le roi avec un soupir, au moins vous pouvez dire votre opinion! »

*
* *

Un jour, Humbert se promenant seul à Monza, entendit deux enfants qui parlaient de lui. Il s'arrêta, et l'un d'eux s'approcha de lui, sa calotte à la main : « Excusez, Monsieur, n'est-il pas vrai que vous n'êtes pas le roi? Et pourquoi ne le serais-je pas, mon chéri? Parce que... parce que... vous n'avez pas la couronne sur la tête, dit Beppo. — Mais, continua le second, moi je sais que les rois ne portent pas toujours la couronne, et je sais que vous êtes le roi, parce que nous avons à la maison un beau portrait qui coûte vingt centimes, mais Beppo ne veut pas me croire. Je vous en prie, dites-le lui vous-même.

« Puisque vous m'avez reconnu, dit Humbert, je ne le nierai pas ; je suis vraiment le roi. Êtes-vous contents maintenant? — Je le savais, cria le petit en sautant de joie; et n'est-il pas vrai que vous portez la couronne seulement les jours de fête ? Non, mon enfant, reprit le roi devenu sérieux, mes jours de fête sont précisément ceux où j'oublie que j'ai une couronne. Mais vous ne pouvez comprendre ces choses. Afin que vous ne m'oubliez plus, chers petits, je veux vous donner mon portrait. Peut-être ne sera-t-il pas si beau que celui que vous avez à la maison, mais il vaut toujours quelque chose, et il donna à chacun des deux enfants une belle monnaie d'or. »

* * *

En mai 1891, Humbert visita l'Exposition vinicole d'Asti. Un ouvrier, touché de son affabilité, lui dit : « Je savais que votre père était le roi galant homme; mais vous, vous êtes le roi des galants hommes. »

* * *

En 1888, Humbert visitait les Romagnes éprouvées par une épidémie. Il vit les quartiers pauvres, monta dans les mansardes, consola les malheureux, leur fit d'abondantes charités, caressa les enfants qui s'accrochaient à ses jambes. Sa présence remonta les courages et fortifia les cœurs.

A Forlimpoli une paysanne criait : « Mais le roi

est-ce celui-là ? Ce soldat à cheval, avec des moustaches blanches ? Mais ce n'est pas vrai, comme on le disait, qu'il fait peur ; c'est vraiment celui-là le roi ? »

*
* *

Humbert était un formidable fumeur. Sobre pour tout le reste, il abusait du cigare. L'abus amena des troubles nerveux, des accès d'asthme, qui l'empêchaient de dormir. Un ami lui conseilla de ne plus fumer, et Humbert convaincu lui dit : « A partir de ce jour, je ne fumerai plus ». et il tint parole.

*
* *

Mme Adam (Juliette Lambert) avait fait un voyage en Italie. Présentée au roi, elle se crut obligée d'être poète et de faire des phrases de roman sur les ruines de Pest, près de Salerne, vantant la beauté de la campagne déserte et inculte, et les vastes espaces abandonnés de Dieu et des hommes. Humbert la laissa dire, et quand elle eut fini, il ajouta : « En effet, toutes ces terres sont pleines de poésie, mais moi j'aimerais mieux y voir moins de poésie et plus de pommes de terre. »

*
* *

Pendant la visite que le roi fit à Casamicciola, après le tremblement de terre, il passa près d'un mur qui menaçait ruine. Un personnage de sa suite, ému du danger, le pria de se retirer. Humbert ne lui répondit que ces deux mots : « Je commande, moi », et il continua sa route.

*
* *

Toujours à Casamicciola.

Un pauvre soldat, à qui on avait amputé les deux jambes, gisait dans une chaumière. Le roi vint le voir, lui demander de ses nouvelles, lui serrer les mains et l'encourager. « Majesté, lui dit le malheureux, en se redressant sur son grabat, voyez dans quel état je suis réduit! Maintenant je ne puis plus vous servir. C'est moi qui dois vous servir désormais », lui répondit le roi.

*
* *

En 1865, Humbert avait pris l'habitude d'aller la nuit, en bourgeois, avec un aide de camp et souvent seul, de Monza à Milan, dans une petite calèche, qu'il conduisait lui-même.

Le ciel politique, à cette époque, n'était pas sans nuages, et l'on craignait pour la vie du prince, dans ces pérégrinations nocturnes. A quelqu'un qui lui faisait part de ces appréhensions, Humbert répondait : « Ce qui ne doit pas arriver n'arrivera pas. »

*
* *

En visitant Brescia, le roi rencontra plusieurs compagnons d'armes. Il en vit un qui avait la poitrine couverte de médailles, parmi lesquelles brillait la médaille de la valeur militaire. Il s'approcha de lui, l'interrogea avec bonté, et quand il sut que ce brave était de la charge de Villafranca, il lui serra fortement la main, rappela ce mémorable fait d'armes, et lui dit en le congédiant : « Je me souviendrai de vous », et le lendemain il lui envoyait un billet de 100 francs.

* * *

En 1884, en passant par Padoue, pour aller visiter les cholériques de Naples, le syndic dit au roi : « Majesté, pensez à votre vie, qui est précieuse pour l'Italie. — Eh ! mon cher, quand l'heure doit arriver, elle arrive », répondit Humbert.

* * *

A Mandolossa, aux environs de Brescia, pendant des manœuvres de tir, un canon éclata, et plusieurs soldats furent blessés. Un surtout eut le bras droit déchiré et brisé en plusieurs endroits. Le brave garçon oubliait ses souffrances et pensait à son pays et à son roi, qui le personnifie. « Comment ferai-je avec un bras pour servir le roi ? Me voilà infirme à vingt-deux ans. Comment pourrai-je faire une campagne. » Le roi, à qui on rapporta ces paroles, voulut connaître ce brave soldat. Il alla donc le visiter à l'hôpital, le consola et, en se retirant, l'assura de sa bienveillance par ces paroles : « Maintenant, vous ne pouvez plus travailler, mais votre roi ne vous abandonnera pas, soyez tranquille. »

* * *

Dans une manœuvre de guerre, près de Castiglione, trois soldats furent frappés par la foudre. Aussitôt le roi fit cesser le combat et ordonna de transporter ces malheureux à l'hôpital, où il alla les visiter. Il ne se retira pas sans leur laisser un don royal.

* * *

A Brescia, le roi recevait un jour les autorités communales de la circonscription; et remarquant que la députation était peu nombreuse, il en demanda le motif à un conseiller ouvrier.

Ce conseiller lui répondit avec franchise que dans la lettre d'invitation, il était ordonné de se présenter en habit et en cravate blanche, et seul j'ai eu la témérité d'enfreindre cet ordre. Mais comment? Parce que je n'ai qu'une jaquette, je ne pourrais pas voir mon roi! me suis-je dit, et j'espère que vous me pardonnerez. — « Vous pardonner, répond Sa Majesté, vous pardonner! Mais vous avez très bien fait; et les autres conseillers ouvriers auraient dû faire la même chose. »

* * *

A Montichiari, une jeune fille, fendant la foule, se jeta aux pieds du souverain pour lui présenter une requête. Elle lui criait en pleurant : La grâce, la grâce !

Le roi lui répondit : « Levez-vous, levez-vous. » Celle-ci, n'en faisant rien, Humbert la prit par la main, la releva, « Maintenant, lui dit-il, donnez-moi votre papier. » Il le lit et lui dit avec bonté : « Soyez tranquille, la grâce sera accordée. »

*
* *

Une fois, à Naples, à une exposition de peinture, on promena le roi pendant des heures. Il écoutait les explications, se laissait conduire, mais il méditait sa vengeance. A la fin, avec un air de bonhomie, il demanda : « Et quand l'Exposition sera fermée, à quel usage pourra servir toute cette toile ? »

APPENDICE

L'ASSASSINAT D'HUMBERT Ier ET LA PRESSE.

« Tu étais le meilleur des hommes ; tu n'as fait de mal à personne, et ils t'ont tué », a crié la reine, à côté du mort, dans un moment suprême où la vérité apparut sans voile. Qui peut oublier sa sympathie bienveillante pour tous les malheurs, pour tous les fléaux, pour tous les châtiments du ciel, cherchant à les adoucir par une charité large, magnifique, par la bonté personnelle, par cette forme courtoise qui multiplie la valeur du bienfait? Il y a deux mois seulement, Humbert laissa cent mille francs aux pauvres de Naples, et on distribue encore aujourd'hui les derniers mille.

Toutes les formes de la pensée, de l'étude, du travail lui étaient particulièrement chères, et il portait une parole d'encouragement, une promesse de secours partout où l'on souffrait, où l'on travaillait, où l'on produisait, et des milliers de personnes, et elles ne l'oublieront pas, ont été aidées, secourues moralement et matériellement, pour que la grande bataille sociale soit moins meurtrière.

O Humbert, tu savais être austère et aimable, juste et miséricordieux, plein de pitié et de clémence ; tu avais consacré ton esprit, ton cœur, ta grandeur d'homme et de souverain à la solidarité humaine. Avant que tu sois vieux, quand tu étais le plus nécessaire à la patrie, quand tu étais vigoureux de corps, lucide d'esprit, sage dans les conseils, brave dans les dangers, ils t'ont sauvagement tué, et ta veuve a vu, chose horrible à dire, ton cadavre rentrer à la maison déserte, et elle t'a serré, froid, inanimé, dans ses bras. Tu as été une force, un exemple, une idéalité vivante : et maintenant tu n'es plus qu'une chose morte, morte. Tu as été une pensée, une volonté, une action : et toute la vie qui coule dans le monde entier ne te ferait pas palpiter de nouveau, pour un instant. Tu as été un père : et ils t'ont cruellement assassiné comme un tyran. Tu as été un ami : et ils t'ont traîtreusement assassiné comme le plus cruel des despotes. Il est juste que tout Italien pleure en toi un père, un ami. »

MATILDE SERAO.

(*Il Mattino*, de Naples.)

Notre roi est mort par la main d'un assassin.

Au moment où nous écrivons ces horribles paroles, le bruit en est venu jusqu'aux extrémités de la Péninsule. Trente millions d'âmes pleurent sous l'émotion de cette cruelle nouvelle, comme frappées par la foudre. Une stupeur magique se mêle à l'effroi, à l'indignation, aux regrets douloureux, aux regrets infinis.

Les soldats de l'Italie qui voguent sur les mers de l'Orient auront bientôt la triste nouvelle. Hélas! la main du soldat de Custozza qui, quelques jours auparavant, serrait la leur, est immobile pour toujours, la bouche qui leur a dit l'adieu avec tant d'effusion est muette, le cœur royal qui avait promis de les accompagner a cessé de battre.

Et tout cela s'appelle l'irréparable. Et tout cela est arrivé hier soir, par l'œuvre d'un assassin obscur, qui n'était mu par aucune raison d'offense ou de haine personnelle, mais qui obéissait seulement à l'instinct bestial du crime, de la négation et de la destruction universelle. Tout cela est arrivé hier, par la volonté d'un misérable Italien qui appartenait à la classe ouvrière, classe qu'Humbert aima particulièrement, à laquelle il donna la continuelle sollicitude de son cœur de roi, ne cherchant à mériter dans l'histoire, que le titre de « père des ouvriers ».

Devant cette ironie cruelle et féroce, il n'y a pas de condamnation ou de malédictions qui soient excessives. Le régicide s'entoure et s'accroît de toutes les horreurs du parricide.

Mais pourquoi tenter d'exprimer par des paroles impuissantes les sentiments de douleur, de pitié, d'indignation, de regrets qui débordent de notre cœur en cette heure maudite?

Cette heure. malheureusement, ferme et scelle, avec une note d'indicible chagrin, toute une période de dures épreuves que l'Italie a traversées, il y a peu de temps.

La cruauté de notre destin a voulu que le peuple italien se trouvât aujourd'hui devant le corps ensanglanté de son roi, que la valeur sur le champ de bataille, que la bonté inépuisable dans la paix, et que la loyauté scrupuleuse dans les actes de ses fonctions royales, devaient préserver des coups d'une main homicide.

(*Tribuna*, Rome).

Les Italiens, vieux et jeunes, riches et pauvres, les habitants des villes comme ceux des campagnes, tous le virent, tous le connaissaient en personne. Il était le fils de Victor-Emmanuel, de celui qui n'avait pas ramassé la couronne sur les ruines fumantes des chaumières. Il avait la tête très noble, belle d'une blancheur précoce. Il avait le regard pénétrant qui allait jusqu'au fond de l'âme, et qui paraissait vous dire qu'il plaçait tous ses droits de roi dans l'amour du peuple.

Les Italiens l'aimaient, parce qu'ils avaient admiré en lui les vertus qui rendent une couronne digne d'estime : la loyauté, la générosité, le courage. Jeune homme de vingt-deux ans, ils l'avaient vu, à la tête de sa division, battre l'ennemi séculaire de l'Italie ; homme mûr, ils l'avaient vu dévoué à son peuple, secourant toutes les misères, bravant tous les périls, au milieu des tremblements de terre et des angoisses du choléra.

Toute la vie de ce roi bon et charitable fut dépensée pour le bien du peuple. Profondément convaincu de la haute charge que Dieu et la volonté du peuple lui avaient imposé, il accomplissait scrupuleusement ses devoirs, qui, dans cette position, se résument dans la connaissance des besoins publics. Chaque citoyen, même le plus humble, pouvait prendre comme modèle, l'exemple de la vie du roi. De sorte qu'à l'heure actuelle, le roi Humbert était un des souverains les plus aimés et les plus populaires.

Le pouvoir royal donne peu de joies ; il impose, de nos jours, de graves responsabilités. Eh bien, notre roi partageait ses joies peu nombreuses avec son peuple, et gardait pour lui seul toute la responsabilité du pouvoir.

Il maintint, jusqu'à la mort, le serment fait le 9 janvier 1878, de gouverner selon la Constitution. Il eut pour la promesse jurée une fidélité si grande et si sainte, qu'il sera donné en exemple aux princes des peuples civilisés.

Monté sur le trône à un moment où la couronne paraissait marquée de l'auréole de la gloire, il eut l'ambition de ceindre son diadème de rayons nouveaux et lumineux. Il se fit le roi des humbles et des souffrants. Il descendit vers les malheureux, vers les déshérités, il alla au petit peuple. Cette mission, dans laquelle il mit tout son cœur, caractérise sa vie.

(*Corriere della Sera*, Milan).

Monstrueux ! Horriblement monstrueux !

Le souverain le plus populaire, le souverain le meilleur, le plus doux, le plus affectionné à son peuple, le roi qui passait au milieu des ouvriers, des pauvres, des malheureux, comme dans sa famille ; le roi qui, pendant 22 ans, eut le culte de l'Italie, et travailla à sa gloire et à son bonheur, ce roi si justement aimé, si souvent béni, a été assassiné !!!

Monstrueux, horriblement monstrueux !

Jusqu'où peut aller la folie d'une bête humaine, si elle ose diriger un revolver contre un cœur si bon, contre une poitrine si loyale, contre un front si serein et si sûr ?

Le roi Humbert assassiné !!

A cette annonce horrible, l'esprit de tous les Italiens tombe accablé, l'indignation doit envahir le monde.

Ah ! nous ne pouvons pas nous imaginer le cri de douleur et d'horreur qui retentit aujourd'hui en Italie ; dans toutes les maisons, dans tous les cœurs c'est la même affliction.

Pauvre reine ! Pauvres princes ! Oh oui ! pauvre Italie, qui perd, en une heure, le plus solide boulevard de son unité, la garantie vivante de ses libres institutions, celui qui représentait au plus haut degré la foi et l'espérance dans l'avenir!

Quelle malédiction, quel châtiment peuvent égaler l'immensité du mal?

Ah! malheureux ceux qui, en prêchant la haine entre les citoyens et le mépris de nos institutions, ont fomenté le régicide, échauffé les têtes et armé le bras de l'infâme et lâche assassin!

Nous entendons ces misérables rejeter la responsabilité et crier : Non, nous n'avons jamais voulu cela. Non, vous ne l'avez pas voulu, vous l'avez fait, êtres dénaturés! Ah! le grand malheur!

Pauvre roi! Pauvre patrie!

(*Stampa*. Turin).

Il ne nous appartient pas de prononcer, à cette heure, un jugement sur le règne d'Humbert.

Nous pouvons cependant constater que depuis 1878, époque à laquelle il succéda à son glorieux père, l'Italie a fait de notables progrès dans la culture et l'économie. Elle a acquit une considération particulière à l'étranger. Elle eut des jours sombres, comme toute l'Europe, mais elle fut la nation qui maintint le mieux le pacte constitutionnel.

Même dans les instants de plus grande agitation, qui furent rares, en regard des autres pays, la personne et le nom du roi restèrent toujours en dehors et au-dessus des divisions ; et cet accord unanime était la force la plus solide de la monarchie.

Humbert ne fut pas un orateur comme Guillaume II, mais il n'eut pas à déplorer l'improvisation d'harangues malheureuses. Il ne voulut pas autour de lui les splendeurs d'une cour ancienne, il préféra donner l'exemple des vertus privées, plus utile de nos jours que l'exagération du faste. N'ayant pas de passions dominantes, il n'eut de prédilection pour aucune classe ; ou du moins il eut une passion, ce fut la passion des pauvres.

Il était bien le descendant de la Maison de Savoie, qui mit toujours sa gloire à vivre dans la simplicité, pour mieux s'approcher du peuple.

Et dans la ruine des vieux partis parlementaires, au milieu des graves difficultés de la politique intérieure et extérieure et des crises ministérielles, on doit reconnaître qu'Humbert ne s'est jamais trompé.

Il ne s'était pas non plus trompé, en adoptant un genre de vie simple, modeste, éloignée du luxe comme de la vulgarité, qui groupa autour de la monarchie un peuple réuni hier dans une unité politique.

Il exerça vraiment la royauté comme un devoir, comme un devoir pénible dans la vie privée et dans la vie politique ; et de la bataille de Custoza au choléra de Naples, sa vie fut uniforme, oubliant ses préférences, ne pensant qu'aux joies et aux douleurs du peuple.

Calme et tranquille, il passait au milieu des

hommes et des choses, semblant dire à la foule : « Je fais mon devoir ».

(*Il Giorno*, Rome.)

Hélas ! l'assassin est une brute qui ne raisonne pas ; il ramasse par ci par là des impressions et des pensées qui ne sont pas les siennes, et tôt ou tard il les traduit en crime. L'assassin ne sait et ne comprend que les antithèses vulgaires, qu'il a entendu répéter par ses maîtres, et qu'il voit ensuite briller sur la pointe du poignard, ou à la bouche d'un revolver. Et ne pouvant discuter ses haines ni démontrer ses revendications, il tue.

« Donnez le bulletin de vote au peuple, disait Victor Hugo, et vous lui enlèverez des mains le fusil des révolutions et le poignard de l'attentat. » Victor Hugo ne fut pas prophète, et le bulletin de vote est à côté du fusil ; depuis les élections générales, le régicide est triomphant.

Voilons d'un crêpe les drapeaux et prenons, nous aussi, le deuil, frères d'Italie.

« Je prie Dieu que mon sang ne retombe pas sur la France », disait Louis XVI, en face de l'échafaud. Prions Dieu aussi que le sang d'Humbert ne retombe sur aucun parti et sur aucune classe de citoyens.

Mais malheureusement entre les différentes classes et les différents partis qui luttent dans notre pays, il y a aujourd'hui un élément nouveau, un élément tragique : il y a le cadavre du roi.

Ce cadavre, qu'aucun cercueil d'or ou de plomb ne pourra enfermer, qu'aucun tombeau ne pourra ensevelir, qu'aucun monument ne pourra cacher, ce cadavre reste et restera toujours présent, avec le cœur ouvert, sur une terre toujours rouge et toujours humide, sous la lumière du soleil et sous la scintillation des astres. Et autour de ce cadavre, des luttes terribles s'engageront, et des heures tragiques seront marquées dans l'histoire du peuple italien.

BASTIGNAC.

(*L'Ora*, Palerme).

Le noble cœur de notre roi loyal, bon, toujours attentif au bien de son peuple, a cessé de battre, déchiré par le plomb homicide.

Quelle horreur !

La pensée est confondue, la main tremble en écrivant ces lignes, et les sentiments et les affections font explosion.

Dans le plus généreux des rois fut frappé cruellement le plus humain et le meilleur des hommes.

Si la bonté du cœur mérite de régner sur la terre, aucune couronne ne fut jamais plus dignement portée.

Est-il bien de rappeler aux Italiens, en cette heure pleine de tristesse, danslaquelle toute idée de vertu semble avoir disparu, la bonté de leur roi? Et qui n'a présente à l'esprit la figure d'Humbert au chevet des cholériques, au lit des blessés, partout enfin où le malheur frappait le plus humble de ses sujets ?

Eh bien, ce qui devait le rende sacré, par sympathie, par reconnaissance, même à ceux qui ne s'inclinent pas devant la majesté du pouvoir, n'a pu le sauver.

Humbert réunissait dans sa personne les vertus traditionnelles de la Maison de Savoie. Et pendant les vingt-deux ans de son règne, il appliqua toutes ses facultés à consolider l'édifice national, à conserver l'héritage laissé par le roi libérateur, et à rendre toujours plus forts les liens qui lient la dynastie au peuple.

Aucun monarque ne le surpassa jamais dans le respect de la Constitution, dans la bonté, dans la dignité avec lesquelles il dirigea le pays.

Fidèle à la parole donnée, le 9 janvier 1878, en ceignant la couronne, il prouva que non seulement les institutions ne changent pas, mais qu'elles peuvent prendre continuellement une vigueur nouvelle, une nouvelle force, dans l'esprit libéral vraiment démocratique, qui précède toujours les aspirations populaires.

(*La Nazione*, Florence.)

J'aurais préféré mourir, il y a vingt-quatres heures, laissant sans regret tout ce que j'ai de plus cher, si j'avais su devoir écrire aujourd'hui l'immense malheur de l'Italie et la honte ineffaçable pour le nom italien.

Quand le lugubre télégramme me parvint sur les hauteurs des Appennins, apporté par un enfant essoufflé par la course, je ne voulus pas croire aux laconiques paroles de l'annonce cruelle. Mais je descendis précipitamment de la montagne, et quand je vis dans les villages des drapeaux, grands comme un journal, voilés de deuil, quand j'entendis près de Bologne le son du canon et quand j'aperçus le drapeau égyptien à mi-hampe, à la villa Hussein-bey, je dus me rendre à l'épouvantable évidence, et je me sentis pris d'un étouffement qui me serrait la gorge.

C'est donc vrai ! Le roi d'Italie, le meilleur des rois, a été assassiné par un Italien. La méchanceté sectaire a été capable d'accomplir un crime pareil ! Pendant vingt-deux ans, Humbert avait fait du bien, et n'avait fait que du bien, il s'était continuellement occupé de savoir et de rechercher où étaient des misères à soulager, des douleurs à consoler, des larmes à essuyer. Les juges les plus sévères ne lui reprochaient que d'être trop bon.

Il était plein de confiance dans l'amour de son peuple, méprisant comme une bassesse d'être gardé à vue, et d'être conduit par un ministre qui semblait avoir, de par la volonté capricieuse du parlement, les rênes du gouvernement, et qui trahissait sa mission de défenseur des droits de la couronne.

Né d'une race de soldats, il était lui-même soldat

vaillant ; et pour l'amour de son peuple, il renonça à la gloire des armes, pour être le père loyal et affectueux de tous, mais surtout des humbles et des petits. Cela devait au moins lui faire trouver grâce devant les assassins.

Il était notre roi, le roi de notre génération, qui qui avait vu et vénéré Victor-Emmanuel dans l'apothéose de sa gloire, et qui se souvenait d'Humbert et d'Amédée, jeunes encore. Tous deux avaient été braves à Custoza. Il était notre roi. Nous nous souvenons de son avènement au trône, des nobles paroles qu'il prononça, en ceignant la couronne, et de ses actes généreux et magnanimes en 1878, jusqu'aux paroles qu'il adressa aux soldats italiens qui partaient hier pour la Chine.

Un assassin l'a tué ; un assassin a privé de père trente-deux millions d'Italiens. Pour comprendre toute l'intensité de la douleur nationale, il ne suffit pas de voir les grandes cités avec leurs magasins fermés, les rues pleines de gens attristés qui parlent du tragique événement ; mais il faut voir le spectacle que présentent les campagnes éloignées des centres. Il faut voir ces hommes et ces femmes qui ne lisent jamais un journal, qui ne savent pas, et qui ne s'inquiètent pas de savoir si c'est Crispi qui est ministre, ou si c'est Saracco.

Oh Dieu! Pauvre homme, il devait mourir ainsi.

Ces paroles, dites sur la place d'un village de montagne, par une femme qui ne sait rien de rien, retentissent encore à mes oreilles et excitent dans mon cœur un sentiment de reproche, qui est le cri de la conscience populaire, contre tous ceux qui sont responsables de cette épouvantable catastrophe. Et ceux-ci sont nombreux, chacun pour une part plus ou moins grande. Nous étions sur une pente qui devait nous conduire à un abîme.

L'expérience de 1878 et de 1897, les attentats de Passanante et d'Acciarito n'avaient rien appris. Les ministres, les magistrats, par principe ou pour suivre cette fausse opinion qui croit possible de combattre les doctrines subversives par la faiblesse et la tolérance, paraissaient aveuglés, au point de favoriser les tendances régicides par les acquittements et les amnisties. On traitait d'exalté ou d'agent de police celui qui parlait de complot, d'associations ténébreuses internationales.

Ils étaient arrivés au point que l'évidence des faits ne suffisait plus, comme dans le procès des complices d'Acciarito. L'accusation de régicide et quelques phrases tapageuses d'un avocat avide de renommée, obtenaient un verdict d'acquittement, et valaient un banquet somptueux aux accusés.

Ce sont eux qui ont armé la main du régicide, qui ont provoqué la plus grande douleur qui puisse affliger l'âme humaine, la douleur de la femme fidèle et aimante, de la reine, fière d'être l'épouse du meilleur des rois, dont elle a étreint sur son cœur le cadavre, percé par la balle d'un assassin.

FIN

TABLE DES MATIÈRES

CHAPITRE HUITIÈME

CHAPITRE NEUVIÈME

CHAPITRE DIXIÈME

APPENDICE

Imp. E. Maton, 25, rue des Grands-Augustins, Paris.

PARIS
ACHEVÉ D'IMPRIMER
LE
28 FÉVRIER 1901
PAR
ÉMILE MATON
25, RUE DES GRANDS-AUGUSTINS
POUR LA
SOCIÉTÉ D'ÉDITIONS LITTÉRAIRES
4, RUE ANTOINE-DUBOIS

En vente à la Société d'Éditions littéraires
(SOCIÉTÉ D'ÉDITIONS SCIENTIFIQUES)
4, Rue Antoine-Dubois, 4 — Paris

AYMÉ (Victor). — **L'Afrique française et le transsaharien.** 1 vol. in-16 de XVIII-142 pages, broché...... 2 fr. 50

BERTHAUT (Léon) (Jean de la Hève). — **Quand même! 1870-71.** 1 vol. in-18 de 291 pages, broché.............. 3 fr. 50

BLOT (Sylvain). — **Napoléon III,** *histoire de son règne,* Ouvrage honoré d'une souscription du Conseil municipal de Paris. 1 vol. in-18 de VII-446 pages, broché........ 3 fr. 50

BOULANGIER (Commandant), ancien élève de l'École polytechnique, ancien officier au service géographique de l'armée. — **Essai sur les origines de la Méditerranée.** 1 vol. in-8 de XII-228 pages. avec 7 planches hors texte, broché 10 fr. »

BOULANGIER (Edgar). — **Notes de voyage en Sibérie.** 1 vol. grand in-8 de XII-400 pages, avec illustrations et cartes, broché.. 7 fr. 50

DESCHAMPS (Emile). — **Au pays des Veddas, Ceylan.** 1 vol. in 8 de III-496 pages, avec 116 figures d'après les croquis et photographies de l'auteur et une carte, broché.... 7 fr. 50

DUMAS (Paul). — **Les Français d'Afrique et le traitement des indigènes.** 1 vol. grand in-8 de 96 pages, broché.. 2 fr. 50

GALLOIS (Eugène). — **A travers les Indes.** Cartes, plans, croquis, dessins et photographies de l'auteur. 1 vol. grand in-8 de 516 pages, broché........................ 10 fr. »

GAVIN (Maximilien). — **Historique de la création de la ville, du château et du parc de Versailles,** *ses eaux, leur quantité depuis Louis XIII jusqu'à ce jour.* 1 vol. in-8 de XVI-110 pages, avec 6 planches hors texte, broché.. 5 fr. »
Avec planches en couleur............................ 7 fr. 50

GUYARD (Etienne). — **Histoire du monde, son évolution et sa civilisation,** avec des gravures, des tableaux et le magnifique planisphère de Schrader. 1 vol. grand in-8 de VIII-690 pages, broché.................................. 7 fr. 50

LIGER (Albert). — **Jeanne d'Arc,** préface de Georges D'ESPARBÈS, illustrations de l'imagier ANDHRÉ DES GACHONS. 1 vol. grand in-8 de 170 pages, broché.................. 10 fr. »

LIGER (Albert). — **Margalla.** Episode de la conquête des Gaules, illustrations de l'imagier ANDHRÉ DES GACHONS. 1 vol. in-16 de 84 pages, broché.................................. 3 fr. »

ROYER (Vte A. de). — **Y a t-il une noblesse française?** 1 vol. in-18 de 244 pages, broché.................. 3 fr. 50

ROYER (Vte A. de). — **Nous avons une noblesse française.** *Nos princes et nos ducs.* 1 vol. in-8 de 300 pages, broché.. 5 fr. »

STRACHEY (Sir John). — **L'Inde,** préface et traduction de M. Jules HARMAND, ministre plénipotentiaire. 1 vol. in-8 de LXXI-412 pages, broché.............................. 10 fr. »

Imp. E. Maton, 25, rue des Grands-Augustins, Paris.

www.ingramcontent.com/pod-product-compliance
Ingram Content Group UK Ltd.
Pitfield, Milton Keynes, MK11 3LW, UK
UKHW021210220726
13924UKWH00003B/1444

9 782019 940027